THE HISTORY 한국사 인물 7

안중근

THE HISTORY 한국사 인물 7
안중근

펴낸날 2023년 7월 26일 1판 1쇄
펴낸이 강진균
글 이지원
그림 윤보영
편집·디자인 편집부
마케팅 변상섭
제작 강현배
펴낸곳 삼성당
주소 서울시 강남구 선릉로 747 삼성당빌딩 9층
대표 전화 (02)3443-2681 **팩스** (02)3443-2683
출판등록 1968년 10월 1일 제2-187호
ISBN 978-89-14-02086-4 (73990)

본 저작물은 저작권법에 따라 보호를 받는 책이므로 무단 전재와 무단 복제를 금합니다.
※ 파본은 바꾸어 드립니다.

THE HISTORY 한국사 인물 7

안중근

차례

북두칠성이 그려진 아이 ······················ 11

기울어져 가는 나라 ························· 40

을사늑약 ································· 56

민족 의식을 일깨우다 ······················ 78

하얼빈에서 울린 총성······················ 102

안중근의 생애 ·························· 122

안중근························· 123

북두칠성이
그려진 아이

　1879년 9월 2일, 황해도 해주 광석동에 살고 있는 진사 안태훈과 부인 조씨 사이에 귀여운 사내아이가 태어났다.
　그런데 그 아이는 태어날 때부터 남다른 데가 있었다. 울음소리가 유난히 커서 동네 사람들을 놀라게 했고, 몸집도 다른 아이의 두 배나 컸다. 게다가 등에는 북두칠성*과 같은 일곱 개의 까만 점이 돋아나 있었다.
　어머니 조씨는 태몽을 떠올렸다.
　어느 날 조씨 부인이 하늘을 쳐다보고 있는데 갑자기 일곱 개의 북두칠성 가운데 별 하나가 떨어졌다.

"아니, 저 별이……."

조씨 부인은 깜짝 놀라서 떨어지는 별을 지켜보고 있었다. 그런데 놀랍게도 그 별이 자신을 향하여 오는 게 아닌가!

"어머나, 별이 내게로 떨어지고 있네."

조씨 부인은 얼떨결에 치마를 펼쳐 그 별을 받았다. 그런데 치마폭에 떨어진 별은 눈이 부시도록 찬란한 빛을 뿜어서 바라볼 수도 없었다.

"아이, 눈부셔라!"

조씨 부인이 놀라서 눈을 떠 보니 꿈이었다.

'참 이상한 꿈이로구나.'

북두칠성

'큰곰자리'라는 큰 별자리의 몸통과 꼬리 부분을 이루는 일곱 개의 별. '두'라고 하는 말은 중국에서 물이나 술 따위를 담을 수 있는 국자를 가리키는 말로, 일곱 개의 별이 늘어선 모양이 국자를 닮았기 때문에 이렇게 이름 지어졌다.

밤하늘의 북두칠성

이튿날 아침, 조씨 부인은 남편인 안 진사에게 전날 밤의 꿈 이야기를 해 주었다.

"그것참 신기한 일도 다 있구려. 실은 나도 어제 낮에 호랑이 꿈을 꾸었소……."

안 진사가 한낮에 무료함을 달래기 위해 뜰 안을 거닐 때였다. 갑자기 커다란 호랑이 한 마리가 담을 넘어 들어왔다.

깜짝 놀란 안 진사는 뒷걸음질을 쳤다.

그러자 호랑이는 안 진사 앞으로 다가오더니 꾸벅 절을 하고는 멈춰 섰다.

안 진사가 그제야 자세히 보니 호랑이의 눈에서는 눈물이 흐르고 있었다.

'아, 이놈이 나보고 살려 달라는 뜻이로구나.'

호랑이가 해치지 않을 거라는 생각을 한 안 진사는 호랑이를 곳간에 숨겨 주었다.

잠시 후, 문 밖이 소란스러워지더니 한 떼의 사냥꾼들이 들이닥쳤다.

"조금 전에 이 집으로 들어온 호랑이 한 마리 못 봤소?"

한 사냥꾼이 거친 숨을 몰아쉬며 물었다.

"호랑이라니, 산에 사는 호랑이를 왜 집에서 찾는 거요?"

안 진사가 시치미를 떼고 물었다.

"틀림없이 저 담을 넘어 이 집으로 들어오는 것을 보았단 말입니다."

"허허, 그래요? 난 아직 호랑이가 대낮에 마을로 내려와, 그것도 집으로 들어왔다는 말은 들은 적이 없구려."

"그럴 리가 없소. 우리가 모두 두 눈으로 똑똑히 본 일이란 말이오."

"그렇다면 직접 찾아보구려."

안 진사가 허락하자 사냥꾼들은 집 안을 샅샅이 뒤졌다.

'큰일 났다. 만약 곳간에서 찾아 내면 어떡하지?'

안 진사는 겉으로는 태연한 척하면서도 불안해서 계속 '흠흠' 하고 잔기침을 해 댔다.

그러나 사냥꾼들은 끝내 호랑이를 찾아 내지 못하고 그냥 돌아가 버렸다.

사냥꾼들이 멀리 사라진 것을 확인한 후에야 안 진사는

곳간으로 갔다. 그런데 있어야 할 호랑이가 자취를 감췄다.

깜짝 놀란 안 진사가 방으로 돌아와 보니 호랑이가 거기에 떡 버티고 앉아 있는 게 아닌가!

너무 놀라 눈을 떠 보니 꿈이었다.

그달 부인 조씨는 아이가 생기고 열 달 후 사내아이를 낳았다.

울음소리가 온 집 안을 쩡쩡 울리자 안 진사는 매우 만족스러워했다.

"음, 정말 꿈대로 호랑이 새끼를 낳았군."

안 진사의 그 말을 들은 하인들이 그 말을 잘못 퍼뜨리는 바람에 안 진사 댁에서 호랑이 새끼를 낳았다는 소문이 마을에 돌기도 했다.

할아버지는 어머니가 별을 받은 태몽처럼 아기의 등에 일곱 개의 점이 있는 것을 자랑으로 여겼다. 그래서 아기의 이름을 북두칠성의 기운을 받고 태어났다고 하여 응칠이라고 지었다.

응칠이는 점점 자라면서 호기심도 많고 장난도 잘하며

건강하게 자랐다. 할아버지와 아버지는 응칠이가 앞으로 큰 인물이 되리라는 기대를 걸었다.

그런데 할아버지와 아버지는 점점 커 가는 응칠이를 보며 걱정이 이만저만이 아니었다.

응칠이는 성질이 급해 무슨 일이든 해야겠다고 마음만 먹으면 물불을 가리지 않고 대들었기 때문이다.

게다가 고집도 세서 한번 하기로 작정하면 아무리 말려도 듣지 않고 끝까지 해야 직성이 풀렸다.

또 누구와 경쟁했다 하면 죽기 살기로 덤벼 이겨야 하는 성미라 남에게 지는 것을 죽기보다 싫어했다.

"응칠이가 씩씩하고 사내다운 기질이 있는 것은 믿음직스러운 일이지만……. 성미가 너무 급한 게 탈이구나. 서두르면 일을 그르치기 쉬운 법이거늘……."

"타고난 성질이 그런 걸 어쩌겠어요. 저도 앞으로 더 눈여겨보고 신경 쓰겠습니다, 아버님!"

할아버지는 긴 수염을 쓰다듬으며 한참이나 더 생각에 잠겼다가 입을 열었다.

"응칠이의 이름을 바꾸어 보면 어떻겠느냐?"

"이름을요?"

그제야 할아버지는 응칠이란 이름이 갖는 의미를 설명했다.

응칠이란 이름은 북두칠성의 일곱 별이 북극성 둘레를 하루에 한 바퀴씩 어김없이 돌 듯이 틀림없고 규모있게 살아가라는 뜻을 담아서 지었다는 것이다.

"이름을 바꾼다고 그 급한 성격이 대번 고쳐질 리는 없겠지. 하지만 옛날부터 이름은 그 사람의 거울이라고 했어. 그러니까 무거울 중 자에 뿌리 근 자로 바꾸면 어떻겠느냐?"

할아버지는 미리 생각해 두었던 이름을 넌지시 꺼냈다.

"중근이라고요? 매사에 불같이 급한 성질을 가라앉혀서 진득하게 뿌리를 내려라, 무슨 일이나 무겁고 신중하게 결성하라, 그런 뜻입니까?"

"그렇지."

아버지는 '안중근, 안중근' 하고 입 속으로 가만히 두세

번을 되뇌어 보았다.

"괜찮습니다. 우선 성씨하고도 잘 어울려 부르기도 좋고요. 응칠이란 이름보다 훨씬 더 무게도 있어 좋은 것 같습니다."

할아버지는 껄껄 웃으시며 기뻐했다.

바로 이 날부터 응칠이는 '안중근'이라는 이름으로 불리게 되었다.

이 무렵 우리나라의 사정은 그리 좋은 편이 아니었다.

세계 곳곳의 힘센 나라들이 자기들의 힘만 믿고 우리나라를 빼앗으려 하고 있었기 때문이다.

바다 밖 멀리 있는 미국이나 프랑스, 이웃 나라 일본, 러시아 같은 나라들이 거대한 군함을 몰고 와 하나같이 우리나라와 국교(나라 사이의 사귐)를 맺자고 강요하고 위협했다.

어린 고종 임금님을 대신하여 나라를 다스리던 흥선 대원군은 이런 강대국의 청을 거절했다. 그는 다른 나라와 아주 담을 쌓는 쇄국 정책을 썼다.

그러자 강대국들이 대포를 쏘아 대며 우리나라를 위협했

다. 병인양요, 신미양요, 운요호 사건이 바로 그것이다.

특히 일본은 우리나라를 한층 더 못살게 굴었다. 우리나라는 견디다 못해 일본과 병자 수호 조약을 맺고, 부산·인천·원산의 세 항구를 열어 주었다.

그 뒤로 일본은 사사건건 우리나라의 정치를 간섭하여 문제를 일으켰다.

그리고 그 밖의 나라들과도 비슷한 통상 조약을 맺었다.

이 일로 나라 안은 뒤숭숭해지고 어수선해졌다. 조정이나 백성이나 모두 나랏일을 걱정하며 불안에 떨었다.

황해도 해주읍에 있는 중근의 집도 마찬가지였다. 할아버지를 비롯하여 큰아버지와 작은아버지들도 걱정 속에서 나날을 보내고 있었다.

중근의 아버지 안태훈 선생은 일찍이 과거에 급제하여 나랏일에 나설 기회만 보고 있었다.

그는 한성에 올라와서 새로운 지식을 익히는 한편, 견문도 넓히며 뜻있는 분들과 나라의 앞날에 대해 밤을 새워 토론하기도 했다.

그러나 갑신정변(1884년 홍영식* 등이 민씨 일파를 몰아내고 혁신적인 정부를 세우기 위해 일으킨 정변)과 임오군란이 발발하자 안태훈 선생은 서둘러 고향으로 내려왔다.

 그리고 앞으로 살아갈 일과 나라의 장래에 대해 며칠 밤을 생각하다가 마침내 식구들이 모인 자리에서 자기 생각을 털어놓았다.

 "이렇게 나라가 어지러운 판에 세상에 나가 자기의 뜻을 펴겠다는 것은 어리석은 생각입니다. 차라리 산속에서 조용히 사는 게 좋은 것 같습니다."

 "그래, 옳은 생각이다."

 "그럼, 저희 여섯 형제가 같은 생각이니 이사할 곳을 찾아보지요."

홍영식(1855~1884)

조선 후기의 문신으로 1881년 신사 유람단의 일원으로 일본을 시찰했다. 1884년 김옥균 등과 함께 갑신정변을 일으켜 개화당 정부를 수립했다. 그러나 정변은 3일 만에 청나라의 개입으로 실패하고, 국왕을 호위하다가 청나라 군사에게 살해되었다.

갑신정변을 주도했던 홍영식의 흉상

"이 많은 식구가 옮겨가 살 만한 곳이 있을까?"

"찾아보면 있겠지요."

다음 날부터 할아버지를 비롯하여 큰아버지, 작은아버지는 식구들이 이사할 만한 곳을 찾아 황해도 곳곳을 돌아다녔다.

그렇게 사방으로 찾던 중 마침내 마땅한 곳을 찾아냈다.

중근의 둘째 큰아버지의 눈에 띈 곳은 신천군 두라면 청계동이라는 산골 마을이었다.

이 청계동은 황해도에서 가장 높은 산인 구월산에 버금가는 천봉산의 크고 작은 봉우리로 둘러싸인 오목한 곳이었다. 삼면은 산이 병풍처럼 막히고, 동남쪽만이 뚫려 있었다.

마을 한가운데로 천봉산 골짜기에서 흘러내리는 청계천의 맑은 물이 한 폭의 그림처럼 아름답게 흐르고 있었다.

마을을 에워싼 천봉산은 한낮에도 하늘을 가릴 정도로 빽빽한 숲이 우거져 있어서, 대낮에도 사나운 동물들의 울음소리가 간간이 들려왔다.

청계동 안중근 본가 앞 정자

그곳은 화전민 두서너 가구만 사는 아주 외지고 한적한 곳이었다.

그러면서도 청계동에는 논밭이 많았고 천봉산에서 흘러내리는 물이 맑아 농사짓기에도 좋았다.

중근의 할아버지 인수 옹은 다시 한 번 사방을 둘러보고는 드디어 결단을 내렸다.

"이만하면 우리가 살 만한 곳이구나. 이곳으로 이사를 오도록 하자."

할아버지는 허연 수염발을 내리쓸며 흡족한 듯이 웃었다.

작은아버지가 그 말을 받았다.

"사방을 둘러봐도 자연 요새입니다. 몇천 명의 적이 들어와도 끄떡없이 이겨 낼 수 있겠어요. 게다가 사냥터로도 이보다 더 좋은 곳은 없을 것 같아요."

"그래, 여긴 겨울에 눈이 집채를 삼킬 만큼 많이 와 쌓이는 곳이라는구나. 산짐승들도 아주 많다는 거야."

큰아버지가 화전민에게서 들은 이야기를 전하자, 중근의 아버지인 안태훈 선생도 한마디 거들었다.

"아이들을 키우기에도 안성맞춤이에요. 애들을 약골로 키우자면 몰라도, 건강하고 씩씩하게 키우려면 말도 타고 활도 쏘고 사냥도 배우고 해야지요. 더구나 요즈음처럼 어지러운 세상에서는요……."

할아버지 인수 옹을 비롯하여 큰아버지, 작은아버지들이 모두 머리를 끄덕였다.

그리고 며칠 뒤였다.

"으싸! 으싸!"

둘째 큰아버지 안태현 선생이 목수와 인부들을 데리고 청계동 골짜기로 들어가 커다란 집 세 채를 지었다.

한편 해주에서는 대대로 살아오던 광석동 집을 팔고 이사 갈 날만 기다렸다.

"어머니, 우리 언제 이사 가요?"

"곧 소식이 올 게다."

안중근 의사의 할머니와 아버지 형제

새집이 다 완성되자 안씨네 가족들은 수십 대의 우마차에다 이삿짐을 꾸렸다.

"이삿짐을 다 꾸렸으면 빨리 출발하자꾸나."

"야! 신난다."

어린 중근이는 이사 가는 것이 신나기만 했다.

깊은 골짜기에 새소리와 짐승의 울음소리, 정답게 흘러가는 맑은 물소리, 산을 넘어 소나무 숲을 흔들며 들려오는 바람 소리로만 가득하던 청계동은 이제 활기찬 마을로 변했다.

황해도 내에는 안 진사 댁이 해주를 떠나 신천 청계동으로 이사를 했다는 소문이 쫙 퍼졌다.

안중근의 나이 일곱 살이 되던 가을날이었다.

청계동 새집으로 이사 온 중근은 열심히 책을 읽었다. 곁에는 허연 수염이 앞가슴까지 내려와 있는 할아버지가 늘 지켜 보고 있었다.

"아이들이 자라는데 이름난 선비라도 한 분 모셔 와서 서당을 차리는 게 어떻겠는지요?"

아버지 안태훈 선생의 말에 할아버지도 머리를 끄덕였다.

"그래, 중근이도 그렇지만 정근이, 공근이도 있고, 사촌들도 그렇고……. 서당을 정식으로 들이는 게 좋겠어."

그러나 글 잘하는 선비를 이 산골 마을로 모셔 오기는 쉽지 않았다.

할 수 없이 중근의 아버지인 안 진사가 안씨 문중의 아이들과 마을 아이들을 모아 글을 가르쳤다.

그러다 이따금 이름난 선비를 훈장으로 모셔 오기도 했다.

안 진사는 아이들의 글공부보다 그런 선비들과 사귀며 나랏일과 세상일을 의논하는 것을 즐거움으로 삼았다.

중근은 할아버지와 아버지의 뜻에 따라 일곱 살 때부터 말타기와 활쏘기를 익혀 나갔다.

어느 날 훈장으로 지내며 아이들을 가르치던 선비가 안 진사에게 걱정스럽게 말했다.

"중근이는 머리도 좋고 재주도 뛰어난데, 조금 문제가 있어 보입니다. 글을 읽는 쪽보다 말타기, 활쏘기 같은 무예를 더 좋아하는 것 같습니다."

"그건 바라던 바요. 요즘 같은 세상에 방에 들어앉아 글만 읽어 무엇에 쓰겠소."

"그런 점에선 저도 같은 생각입니다만, 중근이는 지나칩니다. 워낙 불같은 성격인 데다 말을 타고 활을 쏘는 거친 쪽으로만 치달려서 하는 말입니다."

'음…… 그래, 듣고 보니 일리가 있는 말이군…….'

청계동에는 각지에서 사냥꾼들이 많이 몰려들었다. 중근은 때때로 사냥꾼들을 따라다니며 말을 타고 활을 쏘며 산짐승을 잡기도 했다.

청계동은 산이 험준하고 골짜기가 깊어서 산짐승이 우글

거렸다. 안 진사는 사람 사귀는 것을 좋아해서 사랑채에는 사냥꾼들이 늘 북적거렸다.

"잘 먹겠습니다."

"원 별말씀을……."

겨울에는 눈이 사람 키만큼 내렸는데도 사냥꾼들은 큰 어미 곰이나 멧돼지를 잡곤 했다.

중근이 어려서부터 산과 들을 좋아했던 것은 바로 이런 분위기 때문이었다.

어느 날 안 진사는 중근을 자기 방으로 조용히 불러들였다.

"어떤 일에나 순서가 있는 법이다. 배운 무예를 제대로 활용하자면 세상 이치를 먼저 알아야 한다. 세상 이치와 사람의 도리를 알려면 우선 책을 읽어야 한다. 머리에 든 것은 없이 무예만 익히면 자칫 허튼 데다 그걸 쓰게 되므로 안 배우느니만 못할 수도 있느니라."

"아버지의 말씀 명심하겠습니다."

이 무렵 중근의 나이는 겨우 열두 살이지만 짙은 눈썹에 이글거리는 두 눈은 이미 큰 뜻을 품은 사나이의 얼굴이었다. 그는 이미 말달리기와 활쏘기가 경지에 이르러 있었다.

안중근이 열네 살이 되던 어느 겨울이었다.

집에서 그리 멀지 않은 곳에 구월산*이 있었다. 이 구월산은 황해도에서 가장 험하기로 유명했으며 이름난 사냥터이기도 했다.

전국 각지에서 모인 사냥꾼들은 구월산으로 사냥을 떠나기 전 중근의 집에서 묵었다가 가는 경우가 많았다.

어느 날 아침, 중근은 사냥꾼들이 지나가는 길목을 지키고 서 있었다.

"아니, 중근 도련님이 웬일이십니까?"

"나도 아저씨들을 따라가려고요."

구월산

황해도에 있는 북한 5대 명산 중 하나. 6·25 때는 남·북한 간의 치열한 전투 지역이었다. 또한 단군 신화와 관계가 있는 유명한 단군대가 있다. 산봉우리들이 톱날 같은 능선을 이루는 954미터의 구월산에는 크고 오래된 패엽사·월정사 등의 절이 있다.

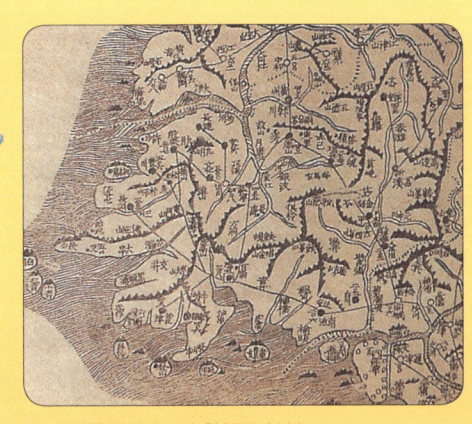

<대동여지도>의 황해도 부분

오늘날 북한 황해 남도 지역에 있는 구월산 자연 보호구

"사냥을 따라가겠다고요?"

사냥꾼들은 도무지 믿을 수가 없다는 듯 고개를 갸웃거렸다.

"나도 사냥을 가 보고 싶어요. 꼭 한 번만 데려가 주세요."

중근이가 너무 간절히 애원하자 사냥꾼들은 얼른 대답하지 못하고 서로 얼굴만 바라보았다.

"우리는 지금 구월산으로 가는 중입니다. 그 산은 다른 산보다도 험하고, 게다가 사나운 짐승들이 우글거려 도련님에게는 너무 위험합니다."

"다음에 가까운 산에 갈 때는 꼭 데려간다고 약속할게요."

사냥꾼들은 저마다 나서서 집으로 돌아가도록 타일렀다. 그러나 누구도 그의 고집을 꺾을 수가 없었다.

"그렇다면 도련님, 구월산에 도착하면 혼자 깊은 산에 들어가도 안 되고 일행과 떨어져서도 안 됩니다. 알았죠?"

사냥꾼들은 중근에게 단단히 약속을 받은 후에야 구월산으로 떠났다.

산속으로 들어간 안중근은 젊은 사냥꾼과 한 조가 되었다.

"겨울이면 멧돼지들이 먹이를 찾아 산등성이에 오르지요."

"그럼 이렇게 무작정 돌아다니며 멧돼지를 잡는 건가요?"

"일부에서는 개를 풀어 놓았을 겁니다. 개들이 멧돼지를 발견해서 짖어 대면 멧돼지가 달아나기 쉬운 길목에 숨어 있다가 잡으면 됩니다."

그 말을 하던 사냥꾼이 갑자기 한 쪽으로 달려갔다.

"이것 보세요. 이건 멧돼지 발자국입니다. 곧 멧돼지가 나타날 겁니다."

사냥꾼의 말이 끝나기가 무섭게 커다란 멧돼지 한 마리

가 쏜살같이 달려왔다.

중근은 갑자기 다리가 후들후들 떨렸다.

그러나 곧 냉정을 되찾았다. 먼저 사냥꾼이 총을 쏘았지만, 총알은 빗나가고 말았다.

"도련님, 쏘세요!"

젊은 사냥꾼이 소리치자 안중근은 방아쇠를 당겼다.

"탕!"

그가 쏜 총알이 멧돼지를 명중시켰다.

달려오던 멧돼지는 안중근 앞에 다 와서 픽 쓰러졌다.

"야! 멧돼지가 쓰러졌다!"

"중근 도련님이 멧돼지를 잡았다!"

"글공부만 잘하는 줄 알았더니 총 쏘는 솜씨도 대단하구나!"

안중근의 첫 사냥은 이렇게 큰 성공을 거두었다.

"안 신사댁 중근 도련님이 멧돼지를 잡았다면서?"

"글쎄, 그렇다니까……."

이 멧돼지 사건은 한동안 청계동 사람들의 화젯거리였다.

"역시 큰 인물감이야."

또 안 진사는 아이들을 불러 이런 훈련도 시켰다.

"돌팔매질해서 저 솔방울을 맞히는 아이에겐 엽전 한 닢을 주마."

아이들은 저마다 돌팔매질에 흥미를 갖고 놀았다.

단옷날에는 활쏘기, 총쏘기 및 씨름 대회를 청계동에서 열기로 했다.

청계동 사람들은 단옷날이 되자 청계동뿐만 아니라 황해도 곳곳에서 이 대회에 참석하려고 사람들이 모여들었다.

마지막 결승전에는 사리원에서 온 최 포수와 황주에서 온 박 포수, 그리고 중근만 남았다. 마지막 단계로 높은 가지에 있는 솔방울을 맞히기로 했다.

최 포수와 황 포수가 나와서 총을 쏘았지만, 총알이 빗나가 솔방울은 그대로 달려 있었다.

마지막으로 나온 중근은 보기 좋게 그 솔방울을 맞혔다.

"와! 대단하다."

그날 우승은 결국 중근에게 돌아갔다.

이렇게 해서 중근은 청계동에서는 물론 황해도 일대에서 재주가 많은 무서운 아이라는 소리를 듣게 되었다.

역사 속으로

흥선 대원군의 쇄국 정책(통상수교 거부정책)

조선 후기 서구 열강의 침탈 행위에 위협을 느낀 흥선 대원군은 청나라를 제외한 다른 외국과의 통상 및 교류를 막는 강경한 쇄국 정책을 실시했다.

쇄국 정책의 원인

19세기 전반 근대 자본주의 국가로 성장한 미국, 영국, 프랑스, 러시아 등은 새로운 시장을 개척하기 위해 아시아 각국에 그 마수를 뻗기 시작했다.

1842년 영국은 아편 전쟁을 일으켜 청나라로 하여금 문호를 개방하게 하였고, 곧이어 영국·프랑스 연합군은 베이징을 점령해 청나라로 하여금 굴욕적인 베이징 조약을 맺게 했다.

이를 발판으로 영국은 1845년 조선에 문호를 개방해 줄 것을 요구하고, 1846년에는 프랑스 상선이, 1864년에는 러시아가 통상 요구를 해 오는 등 조선은 안팎으로 큰 위기의식을 느끼지 않

을 수 없었다.

쇄국 정책의 경과

1864년 러시아가 강력하게 통상을 요구해 오자 흥선 대원군은 조선에 들어와 있던 프랑스 선교사의 힘을 빌려 러시아의 요구를 물리치려 했으나 큰 효과를 보지 못했다. 게다가 프랑스를 비롯한 서구 열강의 선교사들이 속속 들어와 그 교세를 확장하자 흥선 대원군은 그들이 서구 열강의 앞잡이라고 생각하고 가톨릭교를 탄압하기 시작했다.

1866년에 가톨릭 신자 남종삼을 비롯한 신도 8,000여 명을 학살하고, 포교 활동을 하던 프랑스 인 신부 12명 가운데 9명을 처형한 것이다. 이것이 '병인박해'이다.

이 사건을 계기로 프랑스는 프랑스 신부 살해에 대한 문책과 조선의 문호 개방을 강력히 요구하기 위해 군함 7척을 이끌고 강화도에 침입했다. 하지만 조선의 완강한 저항에 부딪혀 그 뜻

을 이루지 못했다. 이것이 바로 '병인양요'였다.

그 후 미국 상선 제너럴셔먼호가 통상을 요구하다 평양의 군민들에 의해 불타 버리는 사건이 일어났다. 이것을 '신미양요'라고 한다.

쇄국 정책의 결과

두 차례의 양요를 물리친 흥선 대원군은 그 기세를 몰아 쇄국 정책을 더욱 강화하고 전국 각지에 서양을 배척하는 의지를 담은 '척화비'를 세웠다. 이 척화비에는 "서양 오랑캐가 침범해 옴에도 싸우지 않는 것은 화(和)하는 것이요, 화를 주장하는 것은 곧 나라를 파는 행위이다."라는 글귀가 쓰여 있었다.

이로써 조선은 봉건적인 국가 체제를 유지할 수 있었지만 그로 인해 일본보다 근대화가 늦어졌다는 평가를 받기도 한다.

기울어져 가는 나라

안중근이 열여섯 살이 되던 해였다. 그는 김홍섭의 딸 아려라는 처녀와 결혼했다.

그 무렵 나라 안의 형편은 점점 더 어려워지고 있었다.

전라북도 고부 군수 조병갑은 백성들의 재물을 강제로 빼앗고 못살게 굴었다. 이에 견디다 못한 농민들이 전봉준을 중심으로 동학군을 조직하여 관군과 맞서 싸웠다.

동학은 당시의 불안한 사회상을 극복하기 위하여 유교와 불교, 민간 신앙을 잘 조화시켜 일으킨 하나의 구국 종교

였다.

동학이 빠른 속도로 백성들의 지지를 얻으며 보국안민(나라를 돕고 백성을 편안하게 힘)을 부르짖자, 조성에서는 이를 위험하게 보고 탄압하기 시작했다.

1대 교주인 최제우는 1854년에 체포되어 죽임을 당하고 그 뒤를 이어 2대 교주 최시형이 어렵게 교세를 확장해 가고 있었다.

1894년, 전라도 고부에서는 동학의 지도자 전봉준의 지휘 아래 농민들이 들고일어났다.

동학 운동은 신분 차별을 없애고, 나라의 힘을 길러 외세의 침략을 막아 내며, 백성을 잘살게 하자는 것이었다.

그들은 농민들의 호응을 얻어 태인, 금구, 부안, 정읍, 고창, 무장, 영광, 함평 등을 눈 깜짝할 사이에 휩쓸고 전주까지 점령해 버렸다.

고종 임금을 비롯한 조정은 여간 당황해하지 않았다.

오랫동안 의논 끝에 청나라 군대에 진압해 줄 것을 요청했다.

이리하여 청나라 군대는 그해 6월 12일경 황해도 아산만에 들어왔다.

청나라 군대가 들어오자, 우리나라를 호시탐탐 엿보고 있던 일본이 가만히 있을 리가 없었다.

일본은 우리나라 허락도 없이 인천에 군함을 파견하고 일부 병력을 한성으로 들여보냈다.

그러자 결국 청나라와 일본 사이에 전쟁이 일어났다.

쇄국 정책 이후 대원군이 실각한 19세기 말 벌어진 청·일 전쟁

전쟁에서 이긴 일본은 갑오개혁이란 제도 개혁을 강요하면서 친일파들을 대거 등용시켰다.

"하루속히 개혁을 시행토록 합시다."

조정에서 갑오개혁이 진행되고 있을 때 동학군 지도자 전봉준은 한성의 움직임을 유심히 관찰했다.

그해 농사철이 끝난 10월, 동학 농민군이 다시 일어났다.

전봉준을 중심으로 한 전라도뿐만 아니라 충청도와 경상도, 황해도에서도 궐기에 참여했다.

조정에서는 일본군이 동학군을 토벌하게 했다.

청·일 전쟁에서 이긴 일본은 조선을 집어삼키려는 야욕을 드러냈다. 그러나 미국, 영국, 프랑스 등이 여전히 기회를 엿보고 있어서 쉽지 않았다.

1895년 봄에 이노우에라는 일본 공사가 우리나라에 부임해 왔다. 그는 우리나라가 러시아와 가까워지는 것을 막기 위해 명성황후에게 값비싼 선물을 보내는가 하면 어떤 일이 있어도 일본이 조선 왕실을 보호해 주겠다고 약속하기도 했다.

그러나 별 효과가 없자, 그해 7월에는 미우라라는 새 일본 공사가 부임해 왔다.

미우라는 일본의 육군 중장으로 잔인한 군인이며, 황후 암살을 계획하여 일을 저지른 장본인이다.

우리나라 황후인 명성황후를 죽인 을미사변이 알려지자 온 나라 백성들은 너도나도 광화문 앞 한길에 모여들었다.

종로, 흥인지문, 숭례문 근처에는 경복궁으로 가려는 사람들로 온통 들끓었다. 수많은 군중이 경복궁 앞에서 무릎을 꿇고 땅을 치며 통곡했다.

이 소식은 황해도 청계동 골짜기에도 알려졌다.

안 진사를 비롯한 청계동 사람들은 모두 비통해했다. 그중에서도 안중근은 울분을 참지 못해 몇 번이나 주먹을 불끈 쥐었다.

이 무렵 우리나라에는 천주교(가톨릭교)라는 서양 종교가 들어와서 백성들 사이에 퍼져 나갔다.

그 물결은 안중근이 살고 있는 청계동까지 밀려왔다.

"한 가정에 어른이 있고 한 나라에 임금님이 있는 것처럼 하늘과 땅 위에는 하느님이 계십니다. 하느님은 잘살거나 못 살거나, 귀하거나 천하거나 가리지 않고 이 세상의 모든

사람을 똑같이 사랑하십니다…….”

안중근은 신부님의 설교에 귀를 기울였다.

그 신부는 조셉 빌렘이라는 프랑스 인으로 조선 이름은 홍석구였다.

안 진사는 재산의 일부를 털어 마을에 성당을 지을 만큼 천주교에 열심이었다. 안중근과 그 가족들은 홍석구 신부에 의해 새로운 종교의 세계에 눈을 뜨게 되었다.

이것은 곧 넓은 세상과의 만남이었다.

안중근은 성당에 다니는 한편 역사 공부에 몰두했다. 또 프랑스 신부로부터 프랑스 말도 배웠다. 그는 열여덟 살이 되던 해에 홍 신부로부터 영세*를 받아 토마스라는 세례명을 가지게 되었다. 안중근은 성경을 열심히 읽고 교리를 공부하여 종교에 깊이 빠져들었다. 그는 홍 신부의 설교에 열심히 귀를 기울였다.

"하느님은 또, '너희는 먼저 그의 나라와 의를 구하라.' 하고 말씀하셨습니다."

어느 날 홍 신부의 설교를 듣던 안중근의 눈이 반짝 빛

영세

가톨릭 교의 칠성사의 하나. 성체 성사라고도 한다. 물로 씻는 예식으로 이루어지는 세례이다. 이 세례를 받음으로써 가톨릭 신자가 된다.

가톨릭 성당의 미사 광경

났다.

'나라와 의를 구하라. 이 얼마나 의미 있는 말씀인가? 그래, 나도 이제부터 이 나라와 민족을 위해 살아가리라.'

안중근은 홍 신부의 설교 속에서 자신이 앞으로 해야 할 일을 나름대로 찾은 것이다.

"신부님, 저는 나라를 위해서 일본과 맞서서 싸우겠습니다. 지금 힘센 일본은 약한 우리나라를 삼키려고 조금씩 숨통을 죄어 오고 있지 않습니까?"

"그게 바로 하느님의 뜻입니다. 하느님 앞에서는 힘센 자나 약한 자가 따로 없으니까요. 그런데 일본을 이기려면 어떻게 해야지요?"

홍 신부가 물었다.

"먼저 무지한 백성을 깨우쳐서 자주정신을 심어 주어야 합니다. 또 산업을 일으키고 군사를 길러서 나라를 튼튼히 해야 합니다."

"토마스의 생각이 참 훌륭합니다. 나도 토마스의 뜻이 이루어지기를 하느님께 기도드릴게요."

홍 신부는 안중근의 손을 굳게 잡았다.

안중근은 홍 신부와 함께 여러 곳을 다니며 전도했다.

그는 황해도 일대에서 동학의 아기 접주로 알려진 김창수도 만났다. 김창수는 바로 백범 김구였다.

김창수는 해주에서 서쪽으로 80리 떨어진 텃골이라는 산골 마을에서 태어났으며 안중근보다 세 살 위였다. 더구나 김창수의 동학군이 진을 치고 있던 회학동은 청계동과 20리밖에 떨어지지 않은 거리였다.

이른 봄, 김창수는 천봉산을 넘어서 청계동을 찾아왔다.

안 진사가 매우 어려운 처지에 있는 김창수를 청계동에 와서 살게 해 준 것이다.

이때의 일을 김창수는 <백범 일지>에 다음과 같이 회상하여 적고 있다.

안 씨 여섯 형제는 모두가 출중한 문장가였다. 그중에서도 셋째인 안태훈 진사는 눈에 총기가 있고, 사람을 누르는 힘도 있었다. 한성의 높은 벼슬아치라도 그와 마주 앉기만 하면 자연히 존경하는 마음이 일어날 정도였다.

내가 보기에 그는 퍽 소탈해서 누구에게나 마음을 탁 터놓았다. 비록 무식한 하인들에게도 조금의 교만한 빛이 없이 친절했다. 그래서 누구나가 그를 따르며 좋아했다. 단 하나, 술을 지나치게 마셔서 코끝이 붉은 것이 흠이었다. 그는 시를 잘 지어서 내게도 종종 자작시를 읊어 주곤 했다.

그때 안 진사의 맏아들 중근은 열일곱 살로 상투를 틀고 있었는데, 자주 수건으로 질끈 동여매고, 듬방총이라는 짧은 총을 메고 사냥하러 다녔다. 보기에 총기가 있고 청계동 군사 중에서 사격술이 으뜸이었다. 짐승이나 새나 그는 한 번 겨눈 것을 놓치는 일이 없었다.

그는 언제나 그의 숙부와 같이 사냥하러 다녔다. 그들은 잡아 오는 노루나 고라니로 군사들을 먹이고, 또 안 진사 여섯 형제의 술안주로 삼았다.

진사의 둘째 아들 정근과 셋째 아들 공근은 둘 다 붉은 두루마기를 즐겨 입고 머리를 땋아 늘인 얌전한 도령들이었다. 그 두 아들은 주로 글을 읽었는데, 안 진사는 두 아들에 대해서는 글을 안 읽는다고 호통을 치기도 했으나, 중근에게만은 아무런 간섭도 아니 하였다.

 안중근은 서양 신부에게 세계 역사와 서양 과학을 배웠다.
 그러면서 그는 '우리 민족'이란 글자를 가슴에 새겼다.
 '그래, 조국을 구하자! 사랑하는 조국을 위해 내 평생을 바칠 테다!'
 그 무렵 조정에서는 황후의 죽음에 친일파가 관련된 사실을 알아내고 친일파를 내쫓기 시작했다. 그러고는 친러파로 하여금 나라를 다스리게 했다.
 드디어 민족 감정의 불씨에 불이 붙어 곳곳에서 의병이 일어났다.
 안동, 강원도, 함안, 마산 등에서 들고일어났고, 호남 지방에서는 기우만이라는 사람이 의병장이 되어 지방 벼슬아치들과 일본인을 죽이고 광주까지 쳐들어갔다.
 친일 정권은 불과 몇 달 사이에 완전히 몰락하고, 친 러시아·친미국파들이 새 내각의 전면에 등장했다.

자연히 갑오개혁 이후 친일본 세력에 의해 시행되었던 개혁은 물거품이 되었다.

바로 이즈음 서양에서 새로운 민주주의 사상을 배운 우리나라의 젊은 지식인들이 국내로 모여들기 시작했다.

그 대표가 갑신정변 때 미국으로 망명했다가 돌아온 서재필 이었다.

그는 <독립신문>을 발간하여 국민들을 새 지식으로 깨우치기 시작했다.

한편으로 독립 협회라는 것을 만들어서 국민들의 의견을 모으자, 일반 국민들도 차츰 새 세상에 눈을 뜨기 시작했다.

이런 가운데 정부는 1897년 조선이라는 국호를 '대한 제국'으로 고쳐서 나라 안팎에 선포했다.

역사 속으로

동학

1860년(철종 11년) 조선은 정치적으로 국권을 빼앗길 위기에 놓여 있었고, 사회적으로는 가톨릭을 비롯한 서학이 번성했다. 이러한 상황 속에서 전통적인 유교 교육을 받은 최제우는 민족의 주체성을 바로 세우고, 국권을 튼튼하게 세운다는 명분 아래 동학이라는 새로운 종교를 만들어 냈다.

동학은 포교한 지 불과 3~4년 사이에 경상·충청·전라도 지방으로 그 교세를 확장했고, 이에 최제우는 교인들을 관리할 조직을 만들었다. 각 지방 포교소에 '접소'를 두고, 그 접소에 '접주'를 둔 것이다. 접주는 그 지방 교인들의 관할과 새로운 교인의 포교 활동을 담당했고, 접주 위에는 '도주'를 두어 접주를 통솔하도록 했다.

동학의 기본 교리는 ①포덕천하 ②후천개벽 ③보국안민 ④광제창생, 이 네 가지로 축약되며, 그 외에 사람이 곧 하늘이라는 인내천(人乃天) 사상이 그 바탕에 깔려 있다.

을미사변

갑오개혁을 통해 조선 내정에 깊숙이 관여하게 된 일본은 청·일 전쟁에 승리한 뒤 박영효, 김홍집을 중심으로 한 친일 내각을 만들어 세력 확장에 힘을 기울였다.

그러자 프랑스 러시아 독일 등은 3국 간섭을 통해 일본의 대륙 침략을 막고, 일본이 청·일 전쟁으로 얻은 랴오둥반도를 중국에 돌려줄 것을 강요했다.

이에 조선은 일본을 멀리하고 러시아와 가깝게 지내면서 친러파인 이범진 이완용 등을 등용해 제3차 김홍집 내각을 구성했다.

이러한 조선의 친러 노선에 당황한 일본은 주한 일본 공사를 무인 출신인 미우라 고로로 바꾸었다.

미우라는 러시아와의 우호적인 정책을 주도한 명성황후를 시해할 것을 계획하고 일본인 낭인배들을 고용해 1895년 10월 8일 새벽, 궁궐에 침입해 명성황후를 시해하고 불태웠다. 이 사건

을 을미사변이라고 한다.

당시 이 사건을 목격한 미국인 고문 W. M. 다이와 러시아 인 G. 사바틴이 그 진상을 국내외에 폭로하자 일본은 미우라와 그 일당을 본국에 소환하고 형식적인 재판만 한 채 증거 불충분을 이유로 모두 석방했다.

하지만 명성황후 시해에 대한 조선인의 울분은 항일 의병 운동으로 이어졌고, 이듬해 2월 고종은 러시아 공사관으로 피신하여 그곳에 머물게 된다. 이로 인해 일본의 조선 식민지화 계획은 타격을 입었다.

미우라 일당에게 시해된 명성황후

을사늑약

　나라의 운명이 마치 바람 앞의 등불처럼 매우 위태롭기만 한 때였다.
　청·일 전쟁 이후 우리나라를 넘보는 외국의 세력은 북쪽의 러시아와 이웃인 일본으로 압축되었다.
　남쪽으로 세력을 뻗치려는 러시아 세력과 대륙으로 진출하려는 일본의 세력이 우리나라를 두고 날카롭게 대립했다.
　1904년 2월 8일, 마침내 러·일 전쟁이 터졌다.

이 소식을 들은 홍 신부는 안중근에게 걱정을 털어놓았다.

"지금 일본의 속셈은 장차 중국 쪽 대륙으로 나갈 세력 거점을 이 나라에다 마련하는 것이네. 한편 러시아는 남쪽으로 내려와서 이 나라를 그 손아귀에 넣고 싶어 하지. 이 두 세력이 끝내 맞붙었으니 이 나라의 앞날이 걱정되네. 러시아가 전쟁에서 이기면 러시아가 이 나라에서 주도권을 잡으려고 할 것이고, 일본이 이기면 일본이 또 주도권을 잡을 것이니 어찌 이 나라가 온전하겠는가!"

듣고 보니 홍 신부의 말이 맞았다.

'장차 이 나라의 운명은 어떻게 될 것인가?'

안중근의 머릿속에서는 이런 걱정이 떠나지 않았다.

1905년 러·일 전쟁에서 일본이 승리하자 홍 신부의 예견은 그대로 맞아떨어졌다.

11월 9일, 이토 히로부미*는 일본 천황의 친서를 가지고 우리나라로 건너왔다.

"이것은 천황 폐하께서 대한 제국의 황제께 드리는 친서입니다. 대한 제국을 일본이 보호해 주는 조약을 맺자는 내용이오니 살펴보소서."

"뭐라고요?"

"조선은 약한 나라입니다. 그러므로 일본이 조선의 외교를 대신 맡아야 합니다."

"아니, 무슨 소릴 하는 거요?"

"그건 우리 외교권을 박탈하겠다는 것이니 절대 승인할 수 없는 일이오."

"황제가 승인을 안 하니 대신들이 이 조약에 조인하시오."

"……."

1905년 11월 17일 오후에는 덕수궁 수옥헌 안에서 나라의 앞날을 결정하는 중대한 어전 회의가 열렸다.

시내 곳곳에서 궁궐 안까지 일본 헌병과 경찰이 진을 치

이토 히로부미

일본 메이지 시대의 정치인. 1905년 러·일 전쟁 후 조선 조정과 고종을 위협하여 을사늑약을 성립시켰고, 초대 조선 통감으로서 식민 통치의 기초를 다졌다. 1909년 만주 하얼빈에서 안중근의 저격을 받아 죽었다

초대 조선 총독으로 부임하여 한일 병합을 주도한 이토 히로부미

고 있어 삼엄한 분위기였다.

　이러한 공포 분위기 속에서 열린 어전 회의였지만 우리 조정은 끝내 조약을 거부했다.

　그러나 별실에 대기하고 있던 하야시 일본 공사는 급히 이토에게 연락하고, 돌아가는 대신들을 강제로 붙잡았다.

　이토는 궁궐로 들어와 새벽 3시까지 대신들을 호령하면서 조약에 찬성하기를 강요했다.

　이때 제일 먼저 학부대신 이완용이 말했다.

　"우리 조선이 사는 길은, 힘센 일본을 따르는 길밖에 달리 도리가 없습니다."

　잇달아 군부대신 이근택, 내부대신 이지용, 외부대신 박제순, 농사부대신 권중현은 조약에 찬성했다.

　"잘하셨소. 그럼, 이 조약이 체결된 것으로 하겠소."

　이토 히로부미는 만족하게 웃으며 거드름을 피웠다.

　이것이 우리나라의 주권을 일본에게 완전히 빼앗긴 이른바 '을사늑약'이다.

　그리고 찬성한 다섯 대신을 가리켜 '을사오적(다섯 반역

자)'이라고 불렀다.

이 조약에 따라, 우리나라에 머무르던 미국·영국·독일·프랑스·청나라 등의 외교 관리들은 모두 자기 나라로 물러갔다.

이토 히로부미는 통감이라는 최고의 자리에 앉아 우리나라의 정치를 마음대로 주물렀다.

개 가죽을 쓴 우리 대신들은 자기 한 몸의 평안을 위하여, 나라와 겨레를 왜놈에게 팔아먹었도다. 슬프도다, 노예가 된 2천만 동포들이여! 살아야 할거나, 죽어야 할거나?

장지연 선생은 이런 글을 <황성신문>에 싣고 일본 헌병에게 붙잡혀 감옥에 갇혔다.

또 민영환*을 비롯한 많은 애국 지사들이 분함을 이기지 못하여 스스로 목숨을 끊었다. 최익현은 일흔네 살의 나이에도 불구하고 을사늑약을 반대하다가 쓰시마 섬에 유배되어 죽고 말았다.

상인들은 가게 문을 닫기로 결의했고, 학생들은 자진 휴학함으로써 일본의 침략과 매국노들의 행위를 규탄했다.

이 조약에 대해 누구보다도 가슴 아파하며 통탄하던 고종은 세계 여러 나라에 억울함을 호소했다.

"짐은 총칼의 위협과 강요 아래 최근 양국 사이에 체결된 을사늑약이 무효임을 선언한다. 짐은 이에 동의한 적도 없고 앞으로도 동의하지 않을 것이다."

이것은 미국 사람 헐버트를 통해 미국에 호소한 내용이다. 그러나 미국 정부의 반응은 차가웠다.

이 소식은 황해도 신천 고을에도 전해졌다.

을사늑약에 분개해 자결한 민영환

민영환(1861~1905)

조선 후기의 문신. 특명 전권 공사로 러시아 황제의 대관식에 특파되었고, 을사늑약이 체결되자 조약의 파기를 상소했다. 그러나 뜻이 이루어지지 않자 국민과 각국 공사에게 고하는 유서를 남기고 자결했다. 1962년 건국 훈장 대한민국장이 추서되었다.

'남아 대장부로 세상에 태어나 나라의 이런 치욕을 눈뜨고 보고 있어야 하다니……'

안중근은 며칠을 뜬 눈으로 새웠다.

그러다가 사랑방으로 아버지를 찾아갔다.

"아버님, 며칠간 사냥을 다녀올까 합니다."

"나라가 이 꼴인데 사냥이라니? 그래, 사냥은 어디로 가겠다는 것이냐?"

"금강산으로 대원들과 함께 갈까 합니다."

"금강산으로?"

'음…… 심상치 않은 느낌이 드는군.'

아버지는 아들에게서 무슨 결심 같은 기운을 느낄 수 있었다.

"중근아, 무슨 일에나 기회가 있는 법이니 때를 기다릴 줄도 알아야 한다."

"네. 명심하겠습니다. 부디, 몸 건강하십시오."

"흐음……."

안중근은 다음 날 대원 10여 명과 함께 금강산으로 떠났다.

밤이 되자 안중근은 작전 개시를 지시했다.

작전을 펴기에는 밤이 유리했다.

"우리가 맨 처음에 할 일은 마을로 내려가서 왜놈이 지키고 있는 수비대 건물을 습격하는 것이오."

안중근은 대원들에게 각자가 맡아야 할 임무를 지시했다.

한편, 수비대 건물에는 불을 켜 놓은 채 일본 헌병들이 졸고 있었다. 대원 한 명이 어둠 속을 빠져나가자마자 건물에서 갑자기 불길이 치솟았다.

"쏴라!"

안중근이 소리를 치며 총을 쏘자 다른 대원들의 총구에서도 일제히 불을 뿜었다.

마을 사람들이 놀라 밖으로 뛰어나왔다.

"이게 무슨 일이야? 누가 일본 헌병 수비대에 불을 질렀지?"

"악독한 일본 헌병놈들 깡그리 다 타 죽었으면 속이 시원하겠어."

마을 사람들은 훨훨 타는 불길을 보며 통쾌해했다.

곧 마을에는 큰일이 벌어졌다.

"마을을 샅샅이 뒤져라!"

일본 헌병들은 마을 골목을 떼 지어 몰려다니며 마구 총을 쏘아 댔다.

날이 새자, 안중근의 대원들은 다시 산골짜기에 모였다.

"우리의 작전은 성공을 했습니다. 이제 모두 고향으로 돌아가서 마을을 지키시오! 나는 이곳을 떠나 더 큰 일을 도모하겠소."

안중근의 말에 대원들은 모두 따라가기를 원했다.

안중근은 대원들을 타일러서 고향으로 보내고 혼자서 중국 상하이로 떠났다.

대원들로부터 이 소식을 전해 들은 안 진사는 아들이 무척 걱정스러웠다.

'멧돼지 사냥을 간다더니 왜놈 사냥을 떠난 게로구나.'

그러나 한편으로는 아들이 한없이 대견하고 자랑스러

대한민국 임시 정부가 들어섰던 상하이

였다.

상하이에 도착한 안중근은 날마다 거리를 헤매고 다녔다.

'여기서 함께 독립운동할 동지를 찾아내야 해.'

그러나 뜻을 같이할 동지는커녕 따뜻한 밥 한 끼 주는 사람도 없었다.

그는 천주교 성당을 찾아가서 조국의 앞날을 위해 간절히 기도를 드렸다. 마침 지나가던 신부가 그를 보고 깜짝 놀랐다.

그는 곽 신부였다.

곽 신부는 프랑스 사람으로 황해도에서 오래 있었기 때문에 안중근과 잘 아는 사이였다.

"어떻게 이곳까지 왔는가?"

"일본의 등쌀에 살 수가 있어야지요. 하는 수 없이 가족을 몽땅 데리고 외국으로 나와 살까 합니다. 우리의 원통한 처지를 설명하여 해외 여론을 일으키고, 때가 오기를 기다린 뒤 크게 거사를 하면 어떨까 생각합니다."

"가족을 데리고 외국에 나온다는 것은 그리 좋은 방법이 아닌 듯싶네. 2천만 민족이 몽땅 그런다면 조선 땅은 텅 비게 될 것이 아닌가? 그건 바로 일본이 바라는 바일세. 옛글에 하늘은 스스로 돕는 사람을 돕는다고 하지 않았는가? 빨리 돌아가게. 돌아가서 자네가 할 일이 있네. 그것은 첫째 교육이고, 둘째 민족의 굳건한 단합일세. 그렇게 2천만 동포가 한마음 한뜻으로 뭉치기만 한다면 누구도 어찌하지 못할 것이네. 그렇게만 된다면, 일본 놈들이 강제로 체결한 을사늑약은 한낱 종잇장에 지나지 않을 것이네. 그때 가서 모두 들고일어난다면 반드시 나라를 되찾을 것이야. 내 말이 틀렸나 잘 생각해 보게."

"신부님 말씀이 옳습니다. 그렇게 하겠습니다."

안중근은 그날로 짐을 꾸려서 배를 타고 조국으로 돌아왔다.

그런데 도중에 진남포에서 집 소식을 듣고 깜짝 놀랐다.

그동안 병이 악화한 안 진사가 세상을 떠난 것이다.

"아버님! 흐흑…… 아버님이 세상을 떠나다니……."

안중근은 통곡하다가 그만 까무러쳤다.

"앗, 정신 차리세요!"

청계동으로 향하는 그의 심정은 말할 수 없이 슬펐다.

천봉산 산허리에는 눈이 하얗게 덮여 있었다.

안중근은 아버지의 무덤 앞에 꿇어 엎드린 채 일어설 줄을 몰랐다.

뜨거운 눈물이 끝없이 두 볼을 타고 흘렀다.

그는 마음속으로 굳게 맹세했다.

큰아들로서 아버지에게 못다 한 효도를 나라에 대한 충성으로 대신 하겠다는 결심을 다졌다.

매일 아버지의 무덤을 찾아가서 거듭 그 결심을 굳혔다.

그는 그때부터 즐기던 술도 끊었다.

1906년이 되었으나 나라 안은 더욱더 어수선해졌다.

일본은 아예 통감부라는 것을 설치해서 이 나라 정치를 마음대로 주물렀다.

이제 우리 정부는 허수아비일 뿐, 외교권과 내정권을 송두리째 일본에 빼앗기게 된 것이다.

그해 3월, 안중근은 가족을 데리고 청계동을 떠나서 진남포로 나왔다.

그는 곽 신부의 말을 좇아 교육에 전념하기로 하고 진남포에 양옥 한 채를 빌려 삼흥 학교를 세웠다.

학생들이 떼를 지어 몰려들었다. 그들은 하나같이 조국의 앞날을 걱정하는 청소년들이었다.

안중근은 모여드는 청소년들을 보자 가슴이 뿌듯해졌다.

그는 나라의 앞날을 이들 씩씩한 청소년들에게 걸자고 새삼 굳게 결심했다.

바로 그 무렵, 진남포 천주 교회 주임 선교사인 방 신부가 몸이 아파서 자기 나라로 돌아가게 되었다.

방 신부가 경영하던 돈의 학교를 계속하기가 어렵게 되었다는 소식을 들은 안중근은 돈의 학교의 교장으로 취임했다.

매사에 급하고 화끈한 성미인 그는 온 재산을 투자해 학교 건물을 넓히고, 능력 있는 교사들을 새로 모셔 왔다.

학생들도 더 모집하여 학교의 면모를 새롭게 했다.

안중근이 이렇게 삼흥 학교와 돈의 학교에서 젊은 학생

들에게 민족의식과 애국정신을 일깨우고 있을 때, 이 나라 곳곳에서 항일 무장 투쟁이 날로 거세어지고 있었다.

　1907년 5월, 이토는 마침내 침략의 마수를 더욱 적극적으로 뻗기 위해 이완용 내각을 세웠다.

　"폐하! 헤이그에서 만국 평화 회의가 열린다고 하옵니다."

　"만국 평화 회의라……?"

　"세계 여러 나라가 모여 세계 평화를 토의하는 자리라고 하옵니다."

　"오! 그래요?"

　고종 황제는 이준, 이위종, 이상설 세 사람을 보내 을사

대표적인 친일 내각인 이완용 내각, 중앙이 영친왕이고 그 바로 뒤 왼쪽에 서 있는 자가 이완용이다

늑약이 무효임을 세계만방에 알리려 했다.

"이 신임장을 가지고 헤이그에 좀 다녀오시오."

"알겠습니다. 폐하!"

이준 일행은 헤이그에 도착해 러시아 대표를 만났다.

"우리도 참석할 수 있게 해 주시오."

"그건 좀 어렵겠소."

다른 나라 대표들도 마찬가지였다.

"제발……."

"안 되겠소……."

이 일로 그해 8월, 고종이 물러나고 순종이 황제에 올랐다.

민심은 더욱 흉흉해지고, 사람들은 일본 경찰에게 돌팔매질했고, 일본인들은 곳곳에서 습격당했다.

일본은 그해 8월 1일에 한성의 우리 군대를 해산시키고 차츰 지방의 군대까지 없애려고 했다.

그러자 해산된 군인들은 곳곳에서 의병들과 합세하여 무력 항쟁을 전개하기 시작했다.

안중근은 군대가 해산당했으니 이제 이 나라는 끝장이 난 것이라는 생각에 괴로워하고 있었다. 그리고 국내에서의 항일 투쟁도 어렵겠다고 생각했다.

일본의 병력에 비하면 우리의 의병은 너무나 약했다.

일본군에 맞서 싸우려면 조직적이고 훈련이 제대로 된 병력을 가져야 한다는 생각이었다. 또 항일 투쟁을 하려면 만주 땅이 적당하다는 생각에 하루바삐 국내를 빠져나가서 항일 투쟁의 대열에 끼고 싶었다.

그러던 어느 날, 도산 안창호 선생이 진남포에 강연을 하러 온다는 소식을 듣고 그곳으로 갔다.

그날밤, 교회에는 안창호 선생의 강연을 들으러 온 사람들로 발 디딜 틈도 없었다.

"사랑하는 동포 여러분! 우리나라는 지금 일본의 손아귀에 있어 백성들은 노예가 되어 가고 있습니다. 우리나라를 이 시경으로 만든 원흉이 누군지 아십니까?"

안창호 선생이 말을 멈추고 장내를 둘러보았다.

"이토 히로부미입니다."

그러자 여기저기서 "옳소!" 하는 고함이 터져 나왔다.

"방금 이토 각하를 입에 올린 놈이 너지?"

일본 헌병이 안중근 앞으로 다가와서 거칠게 물었다.

"그렇소. 내가 어디 틀린 말을 했소?"

"뭐야? 너를 헌병대로 끌고 가서 네놈의 버릇을 단단히 고쳐 놓겠다."

헌병은 안중근의 멱살을 잡고 문 쪽으로 끌고 가려고 했다.

"난 바른말을 했으니 죄가 없소. 그러니 이 손을 놓으시오!"

안중근이 헌병의 손을 뿌리치며 힘껏 밀자 헌병은 바닥에 '쿵' 하고 넘어졌다.

"네 이놈 두고 보자!"

일본 헌병은 엉덩이를 털더니 슬그머니 사라졌다.

"당신의 용기가 놀랍소. 누구신지요?"

안창호 선생이 다가와서 물었다.

"안중근이라 합니다. 평소에 존경하던 선생님을 뵙게 되어 기쁩니다."

"고맙습니다. 우리 힘을 합쳐서 조국의 독립을 위해 함께 싸웁시다."

두 사람은 굳게 악수를 나누었다.

안창호는 안중근보다 한 살 위였다.

그는 안중근에게 깊은 감명을 주고 떠났다.

안중근은 학교 일은 다른 사람에게 맡기고 독립 투쟁을 위해 집을 떠나기로 결심했다. 그래서 먼저 어머니 앞에 무릎을 꿇고 앉았다.

"어머님, 제가 나라를 위해 일어설 때가 온 것 같습니다. 영영 집에 못 돌아온다고 해도 용서해 주십시오."

"오냐, 집안일은 걱정하지 말고 오직 나라를 위해 떳떳한 용기를 갖고 싸워라. 그것이 네 아버지의 뜻이기도 할 것이다."

"네, 어머님 말씀 명심하겠습니다."

안중근은 그렇게 사랑하는 가족들을 뒤로하고 조국의 내일을 위해 투쟁의 길로 나섰다.

역사 속으로

을사늑약

1905년 11월 일본이 대한 제국의 외교권을 빼앗기 위하여 강제로 위협하여 체결한 조약으로, 제2차 한일협약·을사조약·을사보호조약이라고도 한다.

경과

대한 제국을 강탈하기 위해 기회를 엿보던 일본은 1904년 2월 한일 의정서를 강제로 체결하고, 그 이듬해인 1905년 11월 이토 히로부미를 특파 대사로 파견하여 한일 협약안을 조선 정부에 제출했다. 대한 제국 정부에서는 어전 회의를 거쳐 일본의 한일 협약안을 거부하는 쪽으로 결론을 내렸다.

다급해진 이토 히로부미는 주한 일본군 사령관 하세가와 요시미치를 대동한 채 대한 제국 정부에 회의를 다시 열 것을 주장하고, 조정 대신들에게 가부간에 결정을 내리라고 강요했다. 그 결과, 한규설, 민영기, 이하영은 절대 반대했으나 이완용과 이근택, 이지용, 박제순, 권중현 등은 약간의 수정을 조건으로 찬성

했다. 한일 협약안을 수정, 찬성한 이들이 바로 을사오적이다.

이토 히로부미는 찬성을 표시한 이완용, 이근택, 이지용, 박제순, 권중현 등을 따로 모아, 서명하게 함으로써 결국은 늑약으로 모든 절차를 끝냈다.

5개조로 되어 있는 이 늑약문은 외교권의 접수, 통감부 설치 등을 규정하고 있는데, 이로써 조선의 대외 교섭권이 박탈되어 외국에 있던 우리나라 외교 기관은 모두 폐지되고 말았다.

1906년 2월에는 서울에 통감부가 설치되었고, 초대 통감으로 부임한 이토 히로부미는 본래의 규정인 외교 사무뿐만 아니라 내정 전반에 걸치는 명령·집행권도 행사했다.

늑약의 강제 체결 소식이 전해지자, 장지연은 11월 20일 자 <황성신문>에 <시일야방성대곡>이란 논설을 발표하여 일본의 침략성을 규탄했다. 그뿐만 아니라 을사늑약에 분개한 민영환과 조병세 등은 그 분을 참지 못하고 스스로 자결했으며, 민종식, 최익현, 신돌석 등은 대규모의 의병을 일으켜 무력 투쟁을 시작했다.

한편, 고종은 1907년 네덜란드의 헤이그에서 열린 제2차 만국 평화 회의에 특사 이상설, 이준, 이위종을 보내 을사늑약의 불법성을 호소하려 했으나 이 또한 일본의 방해로 그 뜻을 이루지 못했다.

결과

일제는 헤이그 특사 파견의 책임을 물어 고종을 퇴위시키고 우리나라의 외교권을 강탈함은 물론 내정에 더 깊이 간섭했다. 그리고 그해 7월에는 정미 7조약을 체결하고 군대 해산령을 내려 대한 제국을 무력화시켰다.

을사늑약 당시의 대한 제국 조정 대신들과 이토 히로부미

민족 의식을 깨우다

고향을 떠나는 배 위에서 안중근은 마음을 담은 시 한 수를 지어 동생 정근에게 보냈다.

남아 대장부 뜻을 세워 고향을 떠나니
죽어서 어찌 뼈를 선영 아래 묻으리오.
살아서 성공하지 못하면
죽어서도 돌아오지 않으리.
사람이 이르는 곳마다 다 청산이거늘.

북간도에 도착한 안중근은 동포들이 주로 모여 사는 용정촌에 머물며 한동안 그곳의 분위기를 살펴보았다.

 용정촌에는 일제의 탄압과 가난 때문에 이주한 많은 동포가 어렵게 살고 있었다.

 일본 세력은 그곳에까지 침투해 들어와 우리 동포들을 감시했다. 안중근은 다시 러시아 영토로 깊숙이 들어가 블라디보스토크까지 가서 동포들을 만났다.

 그곳에서는 이범진, 이위종, 이상설, 이범윤 등 여러 애국지사가 독립운동에 힘쓰고 있었다.

 그들은 일찍부터 한민회를 조직하여 교포들의 이익과 친목을 꾀하는 한편, 학교 설립, 신문 발간 등을 통해 교육에 힘쓰고, 계몽 운동에 열을 올리고 있었다.

 안중근은 계동 소학교에서 교편을 잡으며 소년들에게 조국애를 일깨워 주었다.

 그 무렵 그곳에는 두 파의 독립운동 단체가 있었다.

 하나는 무력 투쟁을 주장하는 의병파였고, 다른 하나는 교육, 계몽, 외교를 통한 독립운동을 주장하는 비의병파였다.

안중근은 처음부터 의병파에 가담하여 엄인섭, 김기룡 등과 함께 순회 연설을 다녔다.

 그는 동포들에게 외쳤다.

 "동포 여러분! 지금 우리 조국이 어떤 꼴인지 여러분은 알고 계십니까? 일본이 러시아와 전쟁할 때 그들은 동양의 평화와 조선의 독립을 공고히 한다고 주장했었습니다. 그런데 전쟁에 이긴 일본은 우리를 배신하고 황제까지 내쫓았습니다. 그뿐입니까? 철도, 광산, 어업, 전답, 산림을 마구잡이로 빼앗고 관아 청사와 민간인들의 집까지 빼앗고 있습니다. 기름진 논밭은 물론 조상들의 무덤까지 파헤쳐 군용지로 쓰고 있습니다. 지금 삼천리 강토에서는 2천만 우리 민족이 곳곳에서 의병으로 일어나 죽기 아니면 살기로 싸우고 있습니다. 그러나 저 왜적들은 그 의병들을 폭도라 하면서 토벌을 일삼고 있습니다. 여러분, 남의 나라 땅을 빼앗고 갖은 행패를 부리는 자가 폭도입니까? 그렇지 않으면 제 나라를 지키려고 왜적을 맞아 싸우는 쪽이 폭도입니까? 누가 폭도인지 한번 말을 해 보십시오."

안중근의 불같은 연설은 교포들의 가슴을 뜨겁게 불태웠다.

그는 연이어 외쳤다.

"이 모든 원흉이 누군지 아십니까? 일본의 대정치가라는 이토 히로부미, 곧 이등 박문이올시다. 그 도적은 우리 민족이 저들의 보호를 받아 잘살고 있다고 세계 만방에 거짓 선전을 하고 있습니다. 여러분은 조국을 잊으셨습니까? 만약 잊지 않으셨다면 이 순간부터 일어서야 합니다. 전쟁은 물론 나쁜 것입니다. 그러나 침략에 대한 항거는 자기 보전을 위한 정당한 방위입니다. 그러니 지금부터 의병을 일으켜 우리 민족의 본때를 세계만방에 보여 주어야 합니다. 앉아서 죽을 것인가, 아니면 힘을 합쳐서 싸울 것인가, 이 자리에서 결정하십시오."

이렇게 안중근은 각지로 돌아다니며 교포들에게 무장 투쟁을 역설했다.

안중근이 각지를 돌아다니면서 역설한 효과는 차츰 나타나기 시작했다.

이범윤 선생이 회장으로 있는 '창의회'에서 모금 운동과 군사 모집을 시작했던 것이다. 여기서 모금된 자금은 30만 원에 이르렀고 3,4천 명의 청장년이 노브키에프스크로 모여들었다.

그들은 부락에 모여 합숙하면서 군사 훈련을 받았다.

또한, 러시아 정부에 대해서도 러·일 전쟁 때 쓰던 총을 불하(국유 재산을 개인에게 팔아넘김)받을 수 있도록 교섭하는 한편, 청나라 당국에도 무기 공급을 요청했다.

그러나 일본 측의 강력한 항의에 두 나라는 모두 이 요구를 거절하고 말았다.

의병들은 이에 굴하지 않고 무기를 파는 상점을 통해 탄환을 구입하는 한편 교포들이 갖고 있던 총기를 모아 무장했다. 그리고 목숨을 바쳐 끝까지 싸우기로 결심했다.

의병 대장에는 이범윤이 추대되었고, 자금 모집과 전달은 최재영 선생이 맡았다.

그 무렵 함경도 방면에는 홍범도 장군이 북청군 후지령에서 신출귀몰한 작전으로 일본군을 괴롭히고 있었다.

이렇게 두만강을 사이에 두고 이범윤과 홍범도 장군이 이끄는 의병들의 활동이 날로 거세어지자, 일본도 연안 수비를 더욱 강화했다.

1908년 4월부터 때때로 두만강을 건너가 작전을 펴 온 우리 의병들은 여름 녹음을 이용하여 본격적인 국내 진격 작전을 펴기 시작했다.

대한 의군 총대장에 이범윤, 대장에 김두성, 전제덕이 뽑혔고 안중근은 참모 중장으로 출전했다.

안중근은 전제덕 부대의 우군 영장으로서 약 50명을 이끌고 나섰다. 좌군 영장은 의형제를 맺었던 엄인섭이 맡

13도 창의군의 서울 진격전 모형(독립 기념관)

앉다.

그들은 낮에는 자고 밤에만 행군하여 10여 일 만에 두만강 기슭에 닿았다.

선발대들은 이미 도착해 있었다.

"어서 오시오. 동지들……."

안중근은 며칠간의 강행군으로 지친 독립군들을 하루 푹 쉬도록 했다. 그러는 한편 날쌘 독립군들을 따로 불러서 일본군 수비대의 경계 태세를 알아 오도록 정찰을 보냈다.

얼마 후 정찰을 다녀온 독립군으로부터, 일본군 수비 대장이 지금 국경 순찰 중이라서 막사에는 병력이 많이 줄었다는 보고를 받았다.

안중근은 지금이야말로 하늘이 내려 준 좋은 기회라고 생각하고 더욱더 세밀한 작전을 세우며 검토했다.

이윽고 해가 뉘엿뉘엿 질 무렵, 안중근은 모든 대원을 모아 놓고 간곡히 부탁했다.

"동지들, 지금이야말로 우리가 나라를 위해 싸울 때입니다. 우리는 일본군에 비해 인원과 무기가 매우 부족합니

다. 그러나 내 조국을 우리 손으로 구하겠다는 굳은 신념으로 뭉쳐 있는 한 우리는 이길 수 있습니다. 오늘 이 싸움을 승리로 이끌 때, 우리나라는 독립의 첫발을 내딛는 것입니다."

안중근이 이끄는 독립군은 배에 올라 쉬지 않고 노를 저어 날이 밝기 전에 두만강을 건넜다.

드디어 그들은 경흥에 도착했다.

독립군은 일본군 막사에 가까이 이르자 걸음을 멈추고 숲속에 몸을 숨긴 채 막사 주위를 샅샅이 살폈다.

수비대 건물은 초가집을 고친 것으로 막사의 담은 모두 나무로 되어 있었다. 그들은 다음 날 새벽 동이 틀 무렵 먼저 막사 담에 불을 붙인 뒤 일본 수비 대원들이 허둥대는 틈에 일제히 공격한다는 작전을 세웠다.

다음 날 동이 트자 두 명의 돌격조가 수비대 건물 주위로 나가서 석유를 뿌리고 불을 질렀다. 그러자 막사 담은 삽시간에 검은 연기와 함께 시뻘건 불길에 휩싸였다.

막사에서 기습당한 일본군들이 허둥지둥 쏟아져 나왔다.

천안 독립 기념관의 독립군 전투 장면(모형)

안중근의 총소리를 신호로 사방에 매복해 있던 독립군들의 총구에서는 일제히 불을 뿜었다.

"돌격!"

사방에서 함성과 함께 독립군은 재빨리 포위망을 좁혀 갔다.

마침내 그들은 손을 들고 항복하는 일본군들을 모두 포승으로 묶었다. 그리고는 서로 부둥켜안은 채 감격의 만세를 불렀다.

안중근도 감격에 복받쳐 무어라고 말을 잇지 못했다.

블라디보스토크를 떠난 지 보름 동안 그들은 이 같은 감격을 누리기 위해 숱한 고생을 해 오지 않았던가! 기쁨에 찬 독립군들은 일본군 수비대의 무기와 식량을 빼앗아 나누었다.

그리고 다시 회령에 있는 일본 수비대를 향해 두 번째의 임무 수행에 들어갔다.

그들은 또다시 야간에만 행군하는 강행군 끝에 이틀 후 회령 부근에 다다랐다.

그는 이곳에서도 다시 독립 대원들을 산기슭에 매복시키고 날쌘 대원 두 명을 뽑아 정찰을 시켰다.

그러나 얼마 후 정찰을 갔다 온 대원들이 다급하게 외쳤다.

"대장님, 큰일났습니다. 적들이 우리를 철통같이 에워싸고 있습니다."

"뭐라고? 그럼 적들의 병력은 얼마나 되지?"

"셀 수 없을 정도로 많은 군사가 사방을 에워쌌습니다."

"알았소. 수고가 많았소."

안중근은 정찰을 나갔던 대원들에게 휴식을 취하게 한

뒤 부대장들을 다시 불러서 새로이 작전 계획을 세웠다.

"동지들! 우리는 이런 때일수록 더욱 침착하게 행동해야 합니다. 적의 정면에는 우리의 병력 일부만을 배치하여 적을 끌어들인 후 양쪽에서 공격합시다."

모두 안중근의 말에 찬성했다.

그들은 급히 병력을 사방으로 나누어 배치하고, 일본군이 쳐들어오기만을 기다렸다.

이때 총소리를 신호로 격전이 벌어지기 시작했다.

"적이다!"

"쏴라!"

독립군 주력 부대가 숨어 있는 곳으로 총알이 빗발치듯 쏟아졌다. 독립군이 적에게 완전히 포위당한 것이다.

"앗! 큰일이군!"

"모두 죽기를 각오하고 마지막 힘을 내라!"

그러나 적의 숫자가 너무 많아 독립군들은 하나 둘 쓰러지기 시작했다.

그때 적진을 살피던 동지가 돌아왔다.

"뒤쪽으로 빠져나갈 길이 있습니다. 지금 당장 빠져나가지 않으면 곧 길이 막히고 말 것입니다."

"알겠소."

안중근은 할 수 없이 후퇴 명령을 내렸다.

이 전투에서 안중근은 다리를 비롯하여 여러 곳에 총상을 입었고 또한 많은 동지가 목숨을 잃는 참패를 당하고 말았다. 그 뒤로도 의병의 국내 진격 작전은 계속되었다.

그러나 이러한 끈질긴 국내 침투 작전은 근거지를 마련하기도 전에 일본 수비대의 정보망에 잡혔다. 따라서 대대적인 항쟁을 시도하려던 당초의 목적은 이루어지지 않았다.

한편, 일본 외무성은 러시아 정부에 국경 일대에 출몰하는 조선 의병대를 무장 해제할 것과 그들을 체포하여 조선으로 돌려보내 줄 것을 강력히 요구했다.

러시아노 일본과의 분쟁을 원치 않아 조선인에 대한 단속을 시작했다.

일본군은 수비대를 더욱 강화했다. 그래서 국내 의병 활

동은 일본군에 의해 차츰 그 기세가 꺾이고 있었다.

또한 러시아에서 활동하던 독립운동가들 사이에도 점차 의견 대립이 생기고 의병에 대한 교포들의 지원도 줄었다.

한편에서는 무력 항쟁은 무모한 행동이라며 낙심하는 자가 차츰 늘어났다. 국내 진격 작전이 거듭 실패로 돌아가자 <해조 신문>의 창시자인 최봉준 선생을 중심으로 새로운 움직임이 일어났다.

그들은 의병 봉기를 주장하는 사람들에게 비난의 화살을 퍼부으며 교육과 계몽을 통한 민족적 실력을 키우자고 주장했다.

<해조 신문> 발간의 목적은 러시아에 사는 우리 민족의 독립사상을 높이고 일본 압제에 허덕이는 고국 동포를 위해 횃불을 들자는 것이었다.

장지연*을 주필로 한 이 신문은 러시아에 있는 동포들의 사정, 국내 각지의 일제 만행과 의병들의 투쟁 모습, 그리고 변천하는 국제 정세를 자세히 실었다.

국내 진격에 실패한 안중근도 이 신문에 <인심을 결합하

여 국권을 회복하자>라는 글을 싣기도 했다.

1909년의 새해가 밝아 왔으나, 민족의 앞날은 어둡고 침통하기만 했다.

의병들이 사생결단으로 싸웠지만 나라의 주권은 쉽게 찾을 수가 없었다.

안중근과 그가 모은 열두 명의 동지들은 노브키에프스크의 한 조그만 마을에서 새해를 맞이하고 있었다.

그들은 새해를 맞아 앞으로 할 일에 대해 진지하고 열띤 토론을 벌였다. 그래서 조국의 안전보다 자신의 이익에만 눈이 어두운 무리를 의병 운동에서 쫓아내야 한다는 데 의견을 모았다.

그리고 오직 조국을 되찾기 위해 목숨을 바쳐 싸울 수 있

장지연(1864~1921)

조선 말기의 학자 언론인. 1898년 황성신문 기자, 만민 공동회 간부로 활동했다. 1905년 을사늑약이 체결되자, <황성신문>에 <시일야방성대곡>이란 제목으로 을사늑약이 국권 피탈의 조약임을 알리는 동시에 을사오적을 규탄하는 사설을 실어 전국에 배포했다.

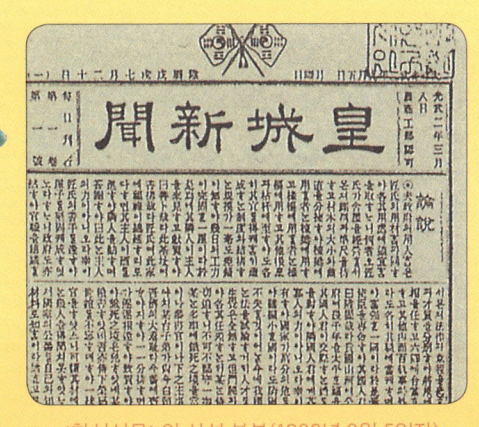

<황성신문>의 사설 부분(1898년 9월 5일자)

는 투철한 정신의 소유자들을 모으는 것이 급한 일이라는 데 모두 뜻을 같이했다.

안중근은 결의에 찬 동지들을 둘러보며 입을 열었다.

"조국의 원수 일본을 물리칠 때까지, 우리는 굳게 뭉쳐 싸웁시다. 자, 우리 모두 피로써 맹세를 합시다."

안중근은 품속에서 태극기와 칼을 꺼냈다. 먼저 태극기를 편 안중근은 칼로 자신의 약지 손가락을 잘랐다.

"음……."

동지들 열두 명이 차례로 칼을 받아, 자신의 손가락을 잘라 각자의 이름을 썼다. 열두 사람의 피는 이렇게 하나의 목적으로 한 장의 태극기에 뿌려졌다.

조국의 독립을 되찾자는 강한 뜻이 모아진 것이다.

안중근과 동지들은 피로 물든 태극기를 두 손으로 높이 펼쳐 들고, 일제히 소리 높여 대한 독립을 외쳤다.

"대한 독립 만세!"

열두 사람은 일제히 소리 높여 '대한 독립 만세'를 세 번이나 외쳤다.

"동지들, 우리가 한곳에 모여 있으면 왜놈들의 눈에 띄기 쉽습니다. 그러니 이제부터 헤어져서 각자 투쟁 활동을 벌이도록 합시다."

안중근은 자기의 결심을 이렇게 털어놓았다.

"나는 침략의 우두머리인 이토 히로부미를 내 손으로 죽이겠소."

"나는 매국노 이완용을 죽이겠소."

"나는 일본군 헌병 대장을 맡겠소."

다른 동지들도 앞다투어 선언했다.

"만약 3년 안에 내 임무를 완성하지 못하면 나는 스스로 목숨을 끊어 맹세를 어긴 죄를 씻겠소."

"좋소!"

열두 명의 동지들은 굳은 악수를 하고 곳곳으로 흩어졌다.

그날 쓴 안중근의 글씨는 지금도 남아 전해지고 있다.

그 글씨 끝에는 이름과 함께 손에 먹물을 발라 찍은 손도장이 있다.

그 손도장을 살펴보면, 약지 손가락과 새끼손가락 두 개가 잘린 것을 볼 수 있다. 약지 손가락은 이때 자른 것이고, 새끼 손가락은 총탄에 부상당한 것이다.

그 뒤에도 안중근은 각지를 돌아다니며 교육을 권장하고 교포들의 마음을 단합시키기 위해 노력했다.

그해 10월 중순이 지난 어느 날이었다.

그날따라 고향에 두고 온 어머님과 아내, 그리고 자식들이 보고 싶어 견딜 수가 없었다. 그 밖에 학교의 운영과 국내 움직임도 궁금했다.

그러나 국내로 갈 여비도 넉넉하지 못할뿐더러 그곳에서 자신이 꼭 해내야 할 일을 미룰 수는 없었다.

안중근은 울적한 마음을 달래려고 거리로 나섰다. 그러다 우연히 두 동지를 만났다.

"난 블라디보스토크로 가려 하네."

"아니, 갑자기 거긴 왜?"

"글쎄, 나도 모르겠네. 마치 누가 나를 오라고 부르는 것처럼 마음이 그쪽으로 쏠리네. 조만간 곧 갈 걸세."

"그럼, 언제쯤 돌아오려나?"

"글쎄…… 영영 돌아오지 않을지도 모르겠네."

"아무래도 낌새가 이상해."

안중근이 항구로 향하는 모습을 두 동지는 물끄러미 바라보았다.

항구에 온 안중근은 일 주일에 한 번 있을까 말까 한 블라디보스토크행 배가 막 떠나려는 것을 보았다.

안중근은 서둘러 배에 올라탔다.

그가 블라디보스토크에 도착하니 그곳에는 이토 히로부미가 만주에 온다는 소식이 파다하게 퍼져 있었다.

안중근은 거리에 나섰다가 어떤 러시아 사람이 보고 있는 미국 신문을 어깨 너머로 들여다보았다.

거기에는 큼직한 이토 히로부미 사진이 실려 있었다.

안중근은 걷잡을 수 없이 흥분된 상태로 곧장 <대동 공보>사로 찾아갔다.

이 날이 1909년 10월 20일이었다. 편집 주임 이강은 안중근을 보고 놀란 듯 물었다.

"어제 안 형에게 보낸 전보*를 받았소?"

"전보라뇨?"

"어제 늦게 전보를 쳤소. 어서 속히 이쪽으로 오라고."

"역시 그랬군. 어쩐지 여기에 오고 싶어 안절부절을 못하겠더라니까."

"그럼 안 형은 그 소식을 들었소? 노브키에프스크에서 알고 오는 길인가요?"

"이토 히로부미가 온다는 기사 말인가요? 지금 막 이곳에 와서 알았소."

"그래요?"

이강은 다시 한번 안중근을 멍하니 바라보았다.

안중근이 툭 내던지듯 말했다.

"그 늙은 너구리가 우리나라를 집어삼키고도 부족해서

전보

알리려고 하는 사항에 대해 신속하고 편리하게 전달하는 통신 수단. 긴급 사항 때에 많이 사용된다. 요즘은 전화 팩스 데이터 통신의 발달로 이용이 줄고 있는 상태다.

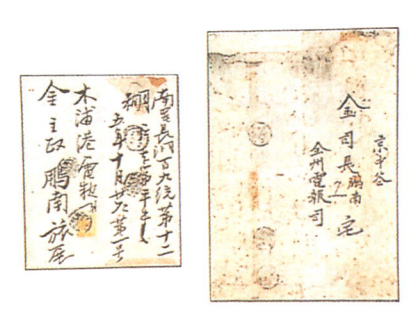

조선 말기에 사용되었던 전보

이제 이곳 만주까지 먹고 싶어서 러시아와 청나라에 담판
하러 오는 모양인데, 이번엔 아마 호락호락 넘어가지 않을
겁니다. 진짜 따끔한 맛을 보여 줘야지요."

  그날 밤 안중근은 느지막이 잠자리에 들었으나 쉽게 잠
을 이룰 수가 없었다.

  '여러 해 동안 원하던 목적이 이제야 이루어지려나 보다.
그 늙은 도적도 내 손에서 끝장을 보게 되는구나.'

  안중근은 그날 밤을 뜬눈으로 지샜웠다.

하얼빈에서 울린 총성

  이튿날 안중근은 동지들의 성원을 받으며 우덕순과 같이 블라디보스토크 역을 떠났다. 우덕순은 같이 의병 활동을 하던 동지였다.
  다음 날 저녁 하얼빈에 도착한 안중근과 우덕순은 이강의 소개장을 들고 김형재를 찾아갔다.
  김형재는 <대동 공보>의 하얼빈 통신원이었다.
  이강의 편지를 본 김형재는 그들을 하얼빈 한인회 회장인 김성백에게 데려갔다.

안중근은 우선 김성백의 집에 머무르면서 이토가 그곳에 오는 날짜를 자세히 알아냈다.

23일, 안중근은 여비가 부족할지 몰라서 김성백에게 50원을 꾸었다. 그리고 <대동 공보>의 이강 앞으로 편지를 보냈다.

오늘 무사히 하얼빈에 도착했습니다.

김성백 노인 댁에 묵으면서 신문을 본즉, 이토는 25일 1시 특별 열차로 이곳에 도착한다고 되어 있군요.

우리는 하얼빈역에서 약간 떨어진 정거장에 숨어 있다가 거사를 벌일 생각입니다. 거사가 성공할 수 있도록 동포들이 기도를 열심히 하여 주시기를 바랄 뿐입니다.

김성백 선생에게 돈 50원을 빌려 여비로 썼으니 나중에 갚아 주시기를 바랍니다. 대한 독립 만세.

그리고 다시 한번 치밀하게 계획을 검토했다.
"준비에 차질이 없겠지?"

"물론이지."

"하얼빈역에 사람들이 꽤나 붐비는군."

러시아 말을 잘하는 조도선 동지가 역무원에게 다가갔다.

"열차를 갈아타는 곳이 어디요?"

"차이자코우 역이오."

우덕순, 조도선과 안중근은 같이 기차에 올라탔다.

굳게 입을 다문 그들의 모습은 결의에 차 있었다.

차이자코우 역에서 내릴 때 조도선은 역원에게 물었다.

"기차는 하루에 몇 번씩 다니지요?"

"세 번 다니는데, 오늘밤은 특별 열차가 하얼빈에서 창춘*으로 가서 일본 원로 정치가 이토를 태우고 모레 26일 아침 6시에 이곳에 도착하게 됩니다."

창춘(장춘)

중국 둥베이(동북) 지구 지린성(길림성)의 도읍. 쑹화강으로 흐르는 이퉁 강과 그 지류에 있는 널따란 대지 위에 자리 잡고 있다. 1800년 청나라가 창춘 청을 설치한 것이 시의 시작이다. 러·일 전쟁 후 창춘역을 건설하여 역을 중심으로 도시가 발달했다.

창춘의 신민 광장(위쪽)과 난후 공원(아래쪽)

조도선이 이 대답을 옮기자, 안중근은 마음이 무거워졌다.

그날 밤 잠을 설치며 안중근은 시시각각으로 다가오는 거사에 대한 좋은 방법을 떠올리려 애써 보았다.

날이 밝자마자 그는 우덕순과 거사 계획을 다시 의논했다.

우덕순도 지난밤에 잠을 못 이룬 듯 푸석한 얼굴이었다.

안중근이 먼저 자기의 생각을 털어놓았다.

"여기서 우리가 같이 지내는 것은 좋은 방법이 아닌 것 같소. 이토 히로부미가 내일 아침 날이 밝기 전에 이곳을 통과할 테니 일을 좀 더 쉽게 풀도록 합시다. 내일 기회를 잃으면 다시는 기회가 오지 않을 것 같은데……."

"무슨 좋은 방법이라도 있소?"

"오늘 우 동지는 이곳에 머물러 있다가 내일 기회를 엿보도록 하시오. 나는 하얼빈으로 돌아가서 그곳에서 거사하겠소. 두 곳에서 기회를 엿보면 어느 한 군데서는 걸릴 게 아니오."

우덕순도 말없이 고개를 끄덕였다.

"만약 우 동지가 이곳에서 목적을 이루지 못하면 내가 하얼빈에서 반드시 이루어 내겠소. 낚싯밥도 두 군데다 놓아야 고기가 그만큼 잘 걸릴 것이고, 덫으로 말하더라도 그렇지 않습니까?"

"좋소, 그렇게 합시다."

두 사람은 손을 잡고 힘차게 흔들었다.

"행운을 빌겠소."

이 말을 마치고 안중근은 서둘러 하얼빈으로 되돌아가기 위해 역으로 나갔다.

안주머니 속으로 손을 넣어 블라디보스토크에서 갖고 온 권총을 어루만지며 그는 중얼거렸다.

"이제 일이 되고 안 되고는 네게 달렸다. 틀림없이 한 방으로 이토의 심장을 꿰뚫어 주기 바란다. 꼭 부탁이다."

새삼 가슴이 벅차오르고 온몸에 힘이 솟아났다.

"이 열차는 차이자코우 역에서 12시에 출발하는 북행 열차입니다."

차창 밖으로 늦가을 풍경이 미끄러지듯 지나갔다.

창틈으로 시베리아의 찬바람이 스며들어 그는 옷깃을 세

우고 두 눈을 감았다.

지난 2년 동안의 갖가지 일들이 눈앞을 스쳐갔다.

두만강을 넘어 국내 진격 작전을 펴던 때의 여러 일들, 일본 수비대를 맞아 싸우던 일들, 주린 배와 아픈 다리를 끌며 국경을 넘을 때의 일 등등…….

'이토 히로부미! 그놈을 꼭 내 손으로 죽이고 말 테다!'

안중근은 주먹을 불끈 쥐었다.

어느새 기차는 하얼빈역에 도착해 있었다.

하얼빈역에서 내린 안중근은 주위를 한 바퀴 돌아보았다. 다음 날 거사에 빈틈이 없게 하기 위해서였다. 그러고 나서 묵을 만한 여관을 찾았다.

한편 차이자코우 역에 남은 우덕순은 역 앞에 있는 러시아 여관에 남아 있었다. 그 여관 주인인 뚱뚱한 러시아인은 우덕순을 찬찬히 바라보며 말했다.

"손님, 내일 새벽에는 얼씬도 하지 마시오. 일본 고관이 이곳을 지나간다오. 잘못 얼씬거리다가는 잡혀 갈 거요."

'정말 오기는 오는 모양이구나. 이토 이놈, 내일이면 내

손에 죽는 줄 알아라!'

　우덕순은 이를 악물며 침대 아래에 감추어 두었던 권총을 꺼내 총알이 제자리에 있는지 다시 한번 살펴보았다.

　거의 뜬눈으로 밤을 새운 우덕순은 아침 6시 10분 전에 문고리를 살며시 밀어 보았다.

　그 순간 그의 가슴은 철렁 내려앉는 느낌이었다. 문은 밖으로 굳게 잠겨져 있었다.

　여관 주인이 우덕순을 수상히 여겨 미리 밖에서 문을 잠갔던 것이다.

　우덕순은 아찔했다. 그는 문 앞에 털썩 주저앉았다.

　바로 그때 이토가 탄 특별 열차가 역 구내로 막 들어오고 있었다.

　잠시 뒤 기차는 기적 소리도 요란하게 하얼빈역으로 출발하고 말았다. 우덕순은 간절하게 기원했다.

　'부디 안 동지가 성공하길……'

　거사날 아침, 안중근도 일찍 일어났다.

　그는 수수한 양복 차림에 러시아 외투를 입고 일곱 개의

우덕순
1921년 조선인민회에 참여하였다.
한국 전쟁 발발 후 1950년 9월 26일 북한군에게 처형되었다.

탄환이 든 권총을 주머니에 넣었다.

그리고 여느 날과 마찬가지로 경건하게 꿇어앉아 마지막 기도를 드렸다.

하얼빈역에는 마중을 나온 수많은 일본인으로 온통 북새통을 이루고 있었다. 그리고 사이사이 총검을 든 러시아 군인들이 삼엄하게 경계를 펴고 있었다.

이윽고 9시가 되자 기적 소리를 울리며 특별 열차가 역 구내로 미끄러져 들어왔다.

"반갑습니다. 이토 씨!"

특별 열차가 도착하자 안중근은 역 쪽으로 발길을 옮겼다.

'침착하게 행동해야지……'

드디어 이토가 차에서 내렸다.

군악대 연주가 울려 퍼지고, 의장대의 구령에 맞추어 모두가 일제히 경례를 했다.

'이토! 네 놈의 목숨도 얼마 남지 않았다.'

이토는 러시아 관리의 안내를 받으며 의장대를 사열하고 있었다.

안중근은 뒤뚱뒤뚱 걸음을 옮기는 이토를 노려보았다.

사열을 마친 이토는 외국 영사단 쪽으로 걸어갔다.

'내가 이토의 뒤를 따르는 것을 아무도 눈치채지 못하는군. 이때다!'

안중근은 재빨리 이토의 가슴에 총 네 발을 쏘았다.

그리고 일본인을 향해 다시 두 발을 쏘았다.

그리고 품속에서 태극기를 꺼냈다.

"대한 독립 만세!"

하얼빈에서 울린 안중근의 총소리는 침략자 이토 히로부

미의 가슴을 꿰뚫으면서, 동시에 2천만 민족을 잠에서 일깨우는 위대한 소리였다.

현장에서 포박당한 안중근은 러시아 헌병대에 끌려갔다.

"왜 이토 히로부미를 죽였나? 그리고 언제 누구와 모의했는가?"

러시아 헌병대의 질문에 그는 조금도 거리낌 없이 대답했다.

"그는 우리나라의 주권을 빼앗은 원수이며, 동양의 평화를 어지럽힌 자로서 죽어 마땅하다. 동지는 2천만 동포다. 그러나 이번 일은 나 혼자서 했다."

안중근은 러시아 헌병대에서 일본 헌병대로 넘겨져서 심한 고문을 받았다.

이번 일에 같이 참여했던 우덕순과 조도선, 유동하도 잡혀 모진 고문을 당했다.

그리고 관동 도독부 지방 법원에서 마나베 재판장에게 재판을 받게 되었다.

"나는 보통 죄수와 같은 취급은 받지 않겠다. 나는 이토를 죽인 자객이지만 범인은 아니다. 일본군과 전쟁을 하다가 붙들린 포로로 생각해 주기 바란다."

"잘 알겠다. 지금부터 헌법*에 의하여 공정하게 너를 심문하겠다. 언제 블라디보스토크에 들어왔는가?"

"3년쯤 되었다."

"그동안 무엇을 하며 지냈는가?"

"나라를 바로잡기 위해 여러 가지 일을 했다."

"의병을 거느리고 함경도에 간 일은 있는가?"

"있다."

"그 결과는?"

"아직 싸움이 끝나지 않았는데 결과가 있을 수 있느냐?"

"이토 공을 죽이려는 마음은 어디서 생겨났는가?"

헌법

국가의 통치 체제와 국민의 기본권 보장을 규정한 기본법. 헌법은 한 나라의 권력관계라는 정치적 측면과 기본권 보장을 규율한 법 규범적 측면의 양면성을 갖는다. 국가가 존재하는 곳이면 어디든지 존재하는 것이 헌법이다.

제헌 헌법과 헌법 기초 위원(독립기념관 전시장)

"그는 우리나라의 원수다. 우리 황실을 탄압하고 우리를 속인 자다. 그런 자를 어째서 죽이고 싶지 않겠는가?"

"그대는 음력 9월 13일 하얼빈에서 이토 공을 저격한 사실이 틀림없는가?"

"틀림없다."

안중근은 뤼순 감옥에서 다섯 달 동안 모진 고문을 받았다. 그러면서도 <동양 평화론>을 썼다.

그러는 동안 모두 여섯 번에 걸쳐 재판을 받았다.

드디어 마지막 공판 날이 다가왔다.

방청석에는 안중근의 부인과 동생 정근 그리고 아들 준생이 앉아 있었다.

재판장인 마나베는 사실 심리를 모두 끝낸 후 말했다.

"피고는 마지막으로 할 말이 있으면 하라."

안중근은 일어났다.

"내가 이토를 살해한 것은 대한 독립 전쟁의 한 부분이요, 나 개인을 위한 것이 아니라 동양의 평화를 위해 한 일이다. 러·일 전쟁 당시 일본 천황의 선전 조서에 의하면

동양 평화를 유지하고 대한의 독립운동을 굳건히 한다고 씌어져 있었기 때문에 일본이 이겼을 때 우리나라는 환영했다. 그런데 이토가 통감이 되자 우리나라에 와서 강제적으로 5개 조약을 체결했다. 그것은 대한 국민을 속이고 또한 일본 천황의 뜻에도 어긋나는 일이었다. 그래서 이토를 원망하지 않는 자가 없게 되었고, 정미 7조약까지 맺게 했으니 이토를 원수로 여기게 되었다. 다시 말하거니와 나는 이토를 죽였으나 나 개인의 자격으로 한 일이 아니라 대한 의군 참모 중장의 자격으로 한 것이다. 내가 죄를 범한 것을 과오라 하지만 결코 과오가 아니다. 나는 정당한 일을 했으므로 떳떳하다."

안중근은 가슴에 맺혔던 말을 거침없이 털어놓았다.

"지금부터 판결문을 낭독하겠소. 안중근 사형! 우덕순 징역 3년, 조도선과 유동하는 징역 1년 6개월을 선고한다."

사형 선고를 받은 안중근은 얼굴빛 하나 변하지 않았다. 그리고 면회 온 가족들에게 유언을 했다.

"내가 죽은 뒤에 내 뼈를 하얼빈에 묻고 우리나라가 독립했을 때를 기다려 고국 땅으로 이장하라. 나는 죽어서라도 조국의 독립을 위해서 일할 것이다. 대한 독립을 위하고 동양의 평화를 위해서 죽는 나로서는 조금의 후회나 유감됨이 없이 오히려 떳떳하구나."

그러자 부인 김아려 여사는 남편의 손을 잡고 흐느꼈다.

"울지 마시오. 나는 대한 독립을 위해 기쁘게 죽으니 아무런 한이 없소. 우리 준생이가 자라거든 나의 뜻을 전해

주오. 당신에게 고생만 시켜 미안하오. 나를 대신하여 늙으신 어머니를 잘 봉양하시오."

안중근도 어머니 생각에 고개를 떨구었다.

면회 시간인 5분이 지나 감방으로 돌아온 안중근은 2천만 동포들에게 피 끓는 유언을 적어 보냈다.

내가 대한 독립을 회복하고 동양 평화를 유지하기 위하여 3년 동안 해외에서 비바람을 무릅쓰고 일하다가 마침내 그 목적을 도달하지 못하고 이곳에서 죽나니, 우리 2천만 형제자매들은 각각 스스로 분발하여 학문에 힘쓰고 실업을 진흥시키며 나의 뜻을 이어 자유 독립을 회복한다면 죽는 자는 한 치의 여한이 없겠노라.

죽음의 순간만을 기다리던 어느 날, 간수는 안중근을 마차에 태워 어디론가 데려갔다.

마차가 시가지 변두리에 있는 어느 관사에 도착했다. 그 관사에는 놀랍게도 안중근에게 세례를 준 프랑스 인 홍 신

안중근 의사가 빌렘(홍석구) 신부를 만나 유언을 남기는 모습

부가 앉아 있었다. 그리고 헌병 대장과 검찰관 등도 있었다.

안중근이 들어가자 홍 신부는 재판장에게 간청했다.

"오늘 나의 소원을 들어주시어 내가 15년 전에 세례를 준 안중근을 이 자리에 불러 주신 데 대해 깊은 감사를 드립니다. 그런데 한 가지, 여기 일본 고관들이 모이신 만큼 일본 제국의 위신을 위해 안중근의 쇠고랑을 풀어 주시기 바랍니다."

재판장은 이 말을 듣고 쇠고랑을 풀어 주라는 눈짓을 했다.

"우리나라에서는 사형수에게 이별의 표시로 술을 한 잔

나누는 습관이 있는데 일본은 어떻습니까?"

이 말을 들은 재판장은 기꺼이 승낙했고, 홍 신부는 가득 채운 잔을 안중근에게 권했다.

"이렇게 재판장님께서 모든 것을 승낙해 주시니 더할 나위 없이 기쁩니다. 그런데 또 한 가지 저의 소원은 안중근에게 기념품을 얻고자 하는 것입니다."

이 말에 재판장은 무슨 뜻인지 몰라 어리둥절한 얼굴로 홍 신부를 바라보았다.

"안중근은 원래 붓글씨를 잘 씁니다. 그에게 먹과 붓과 종이를 가져다주어 본인이 소원하는 글을 쓰게 해 주십시오. 그가 남기는 것이라면 모두 기념품으로 삼겠습니다."

안중근 의사 기념비

재판장은 잠깐 망설이다가 곧 승낙했다.

안중근은 손수 먹을 갈아 유묵을 써 내려갔다.

1910년 3월 26일 오전 10시경 뤼순 감옥에서 홍 신부는 안중근에게 성수를 뿌리며 기도를 드렸다.

"평화로울지어다……."

마지막 기도를 마친 홍 신부의 눈에서도 눈물이 흘러내렸다.

이리하여 서른한 살의 젊은 나이에 안중근은 이국땅 뤼순 감옥에서 악독한 일제 경찰의 손에 사형당했다.

하늘나라로 가면서까지 우리나라의 독립을 부르짖던 안중근, 그의 혼은 지금도 자랑스러운 대한민국을 위해 저 하늘 어딘가에서 떠돌고 있을지도 모른다.

안중근의 생애

　안중근 의사는 일제 침탈에 맞서 싸움으로써 우리 민족의 저항적 투쟁 정신을 보여 주었다.
　어려서부터 문무에 능했던 안중근은 한때 교육 운동에 투신한 적도 있으나, 1908년 대한 의군 참모 중장이 되어 본격적인 항일 무장 투쟁에 나섰다.
　1909년 하얼빈역에서 침략의 원흉 이토 히로부미를 저격한 뒤 체포되어 모진 고문을 받았으나 <동양평화론>을 집필하는 등 초연하게 죽음을 맞았다.

안중근

(**安重根** 1879~1910, 고종~순종)

1879년
황해도 해주 광석동에서 진사 안태훈의 아들로 태어났다.

1890년
어려서부터 말타기와 활쏘기를 즐겼고, 사냥하기를 즐겨 명사수로 이름을 떨쳤다.

1894년
어릴 때의 이름인 응칠을 중근으로 바꾸고 김아려와 결혼했다.

1895년
아버지를 따라 천주교 신자가 되어 토마스라는 세례명을 받았다.

1905년
학교를 세워 인재 양성을 위해 노력하였다.
일본이 한국의 외교권을 박탈하기 위해 강제로 을사늑약을 체결했다.

1904년
러·일 전쟁에서 승리한 일본이 우리나라와 강제로 을사늑약을 맺자, 독립운동을 하기 위해 상하이로 갔다.

1906년
평안남도 진남포에 삼흥 학교를 세웠다.

1907년 헤이그 밀사 사건으로 고종 황제가 물러나자 북간도를 거쳐 블라디보스토크로 갔다.

1909년
단지회를 조직한 뒤 손가락을 잘라 독립 의지를 맹세했다.
10월 26일, 하얼빈역에서 이토 히로부미에게 총 4발을 쏘아 죽였다.

1910년
3월 26일, 뤼순 감옥으로 옮겨져 모진 고문 끝에 사형당했다.

1962년
대한민국 건국 훈장이 추서되었다.